Happier In 7 Days Affirmation Coloring Book

by: Sarah Jordan©

www.sarahjart.com

Download 10 Free BONUS Coloring Pages Instantly https://sarahjart.com/freebies/

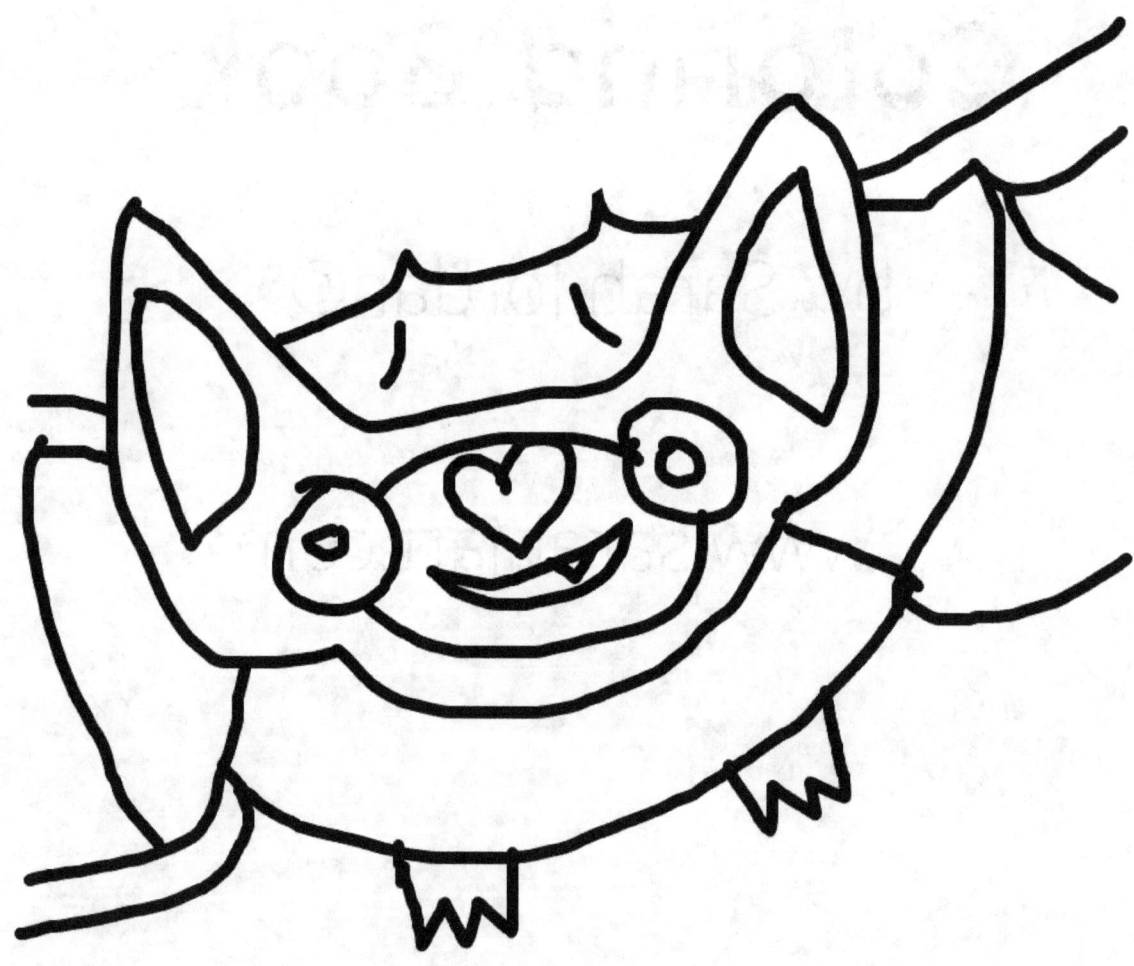

This Book Belongs To

_____

I'm amazing

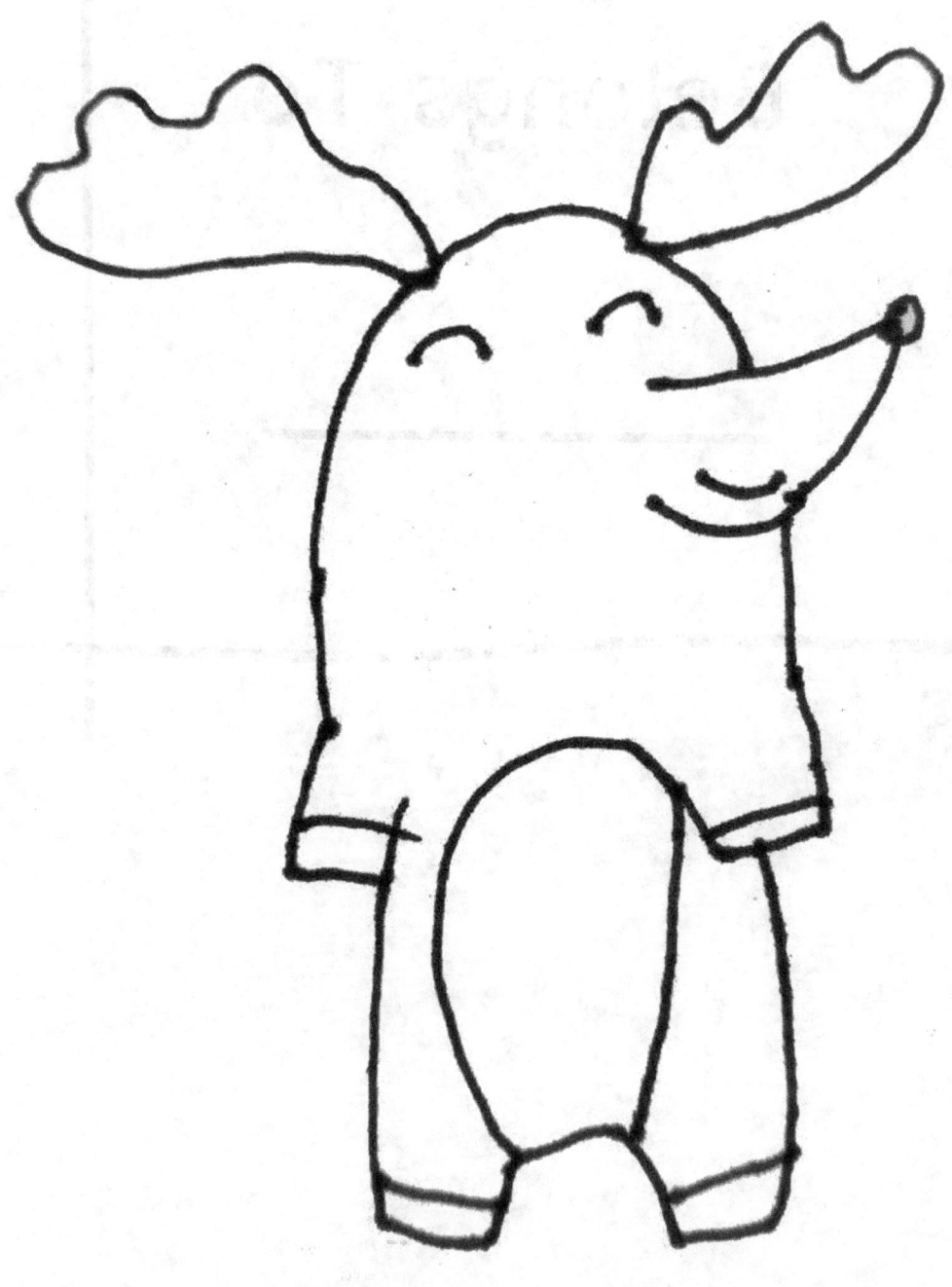

I'm talented

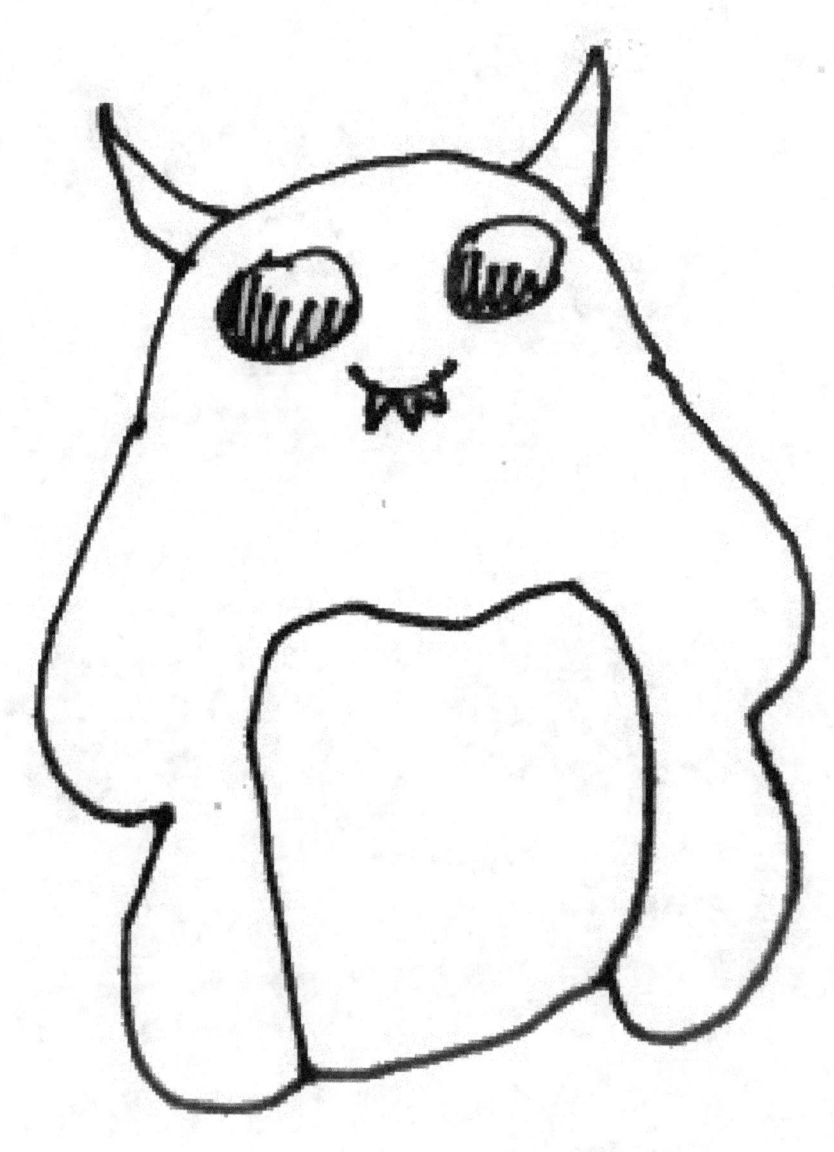

I'm smart

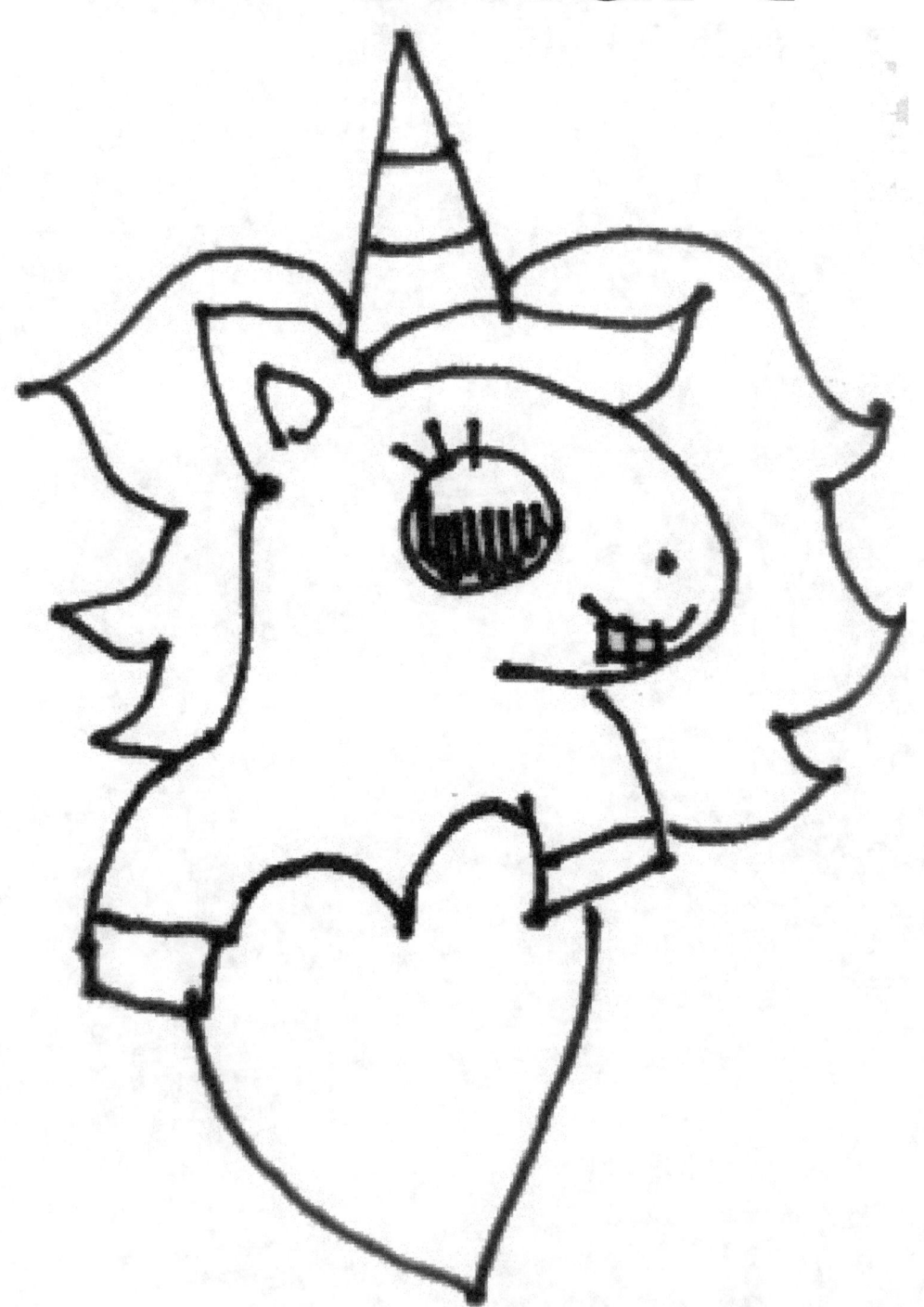

I'm open to new things

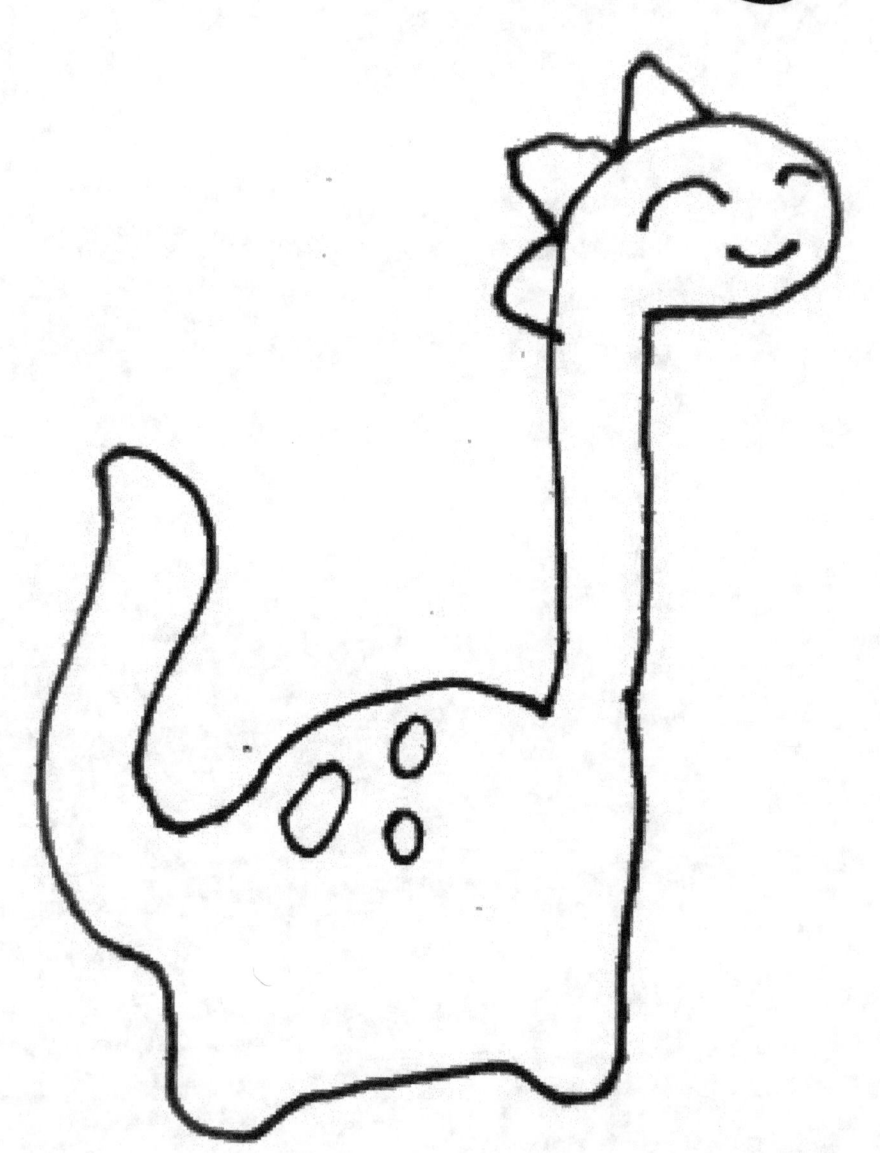

I'm unique

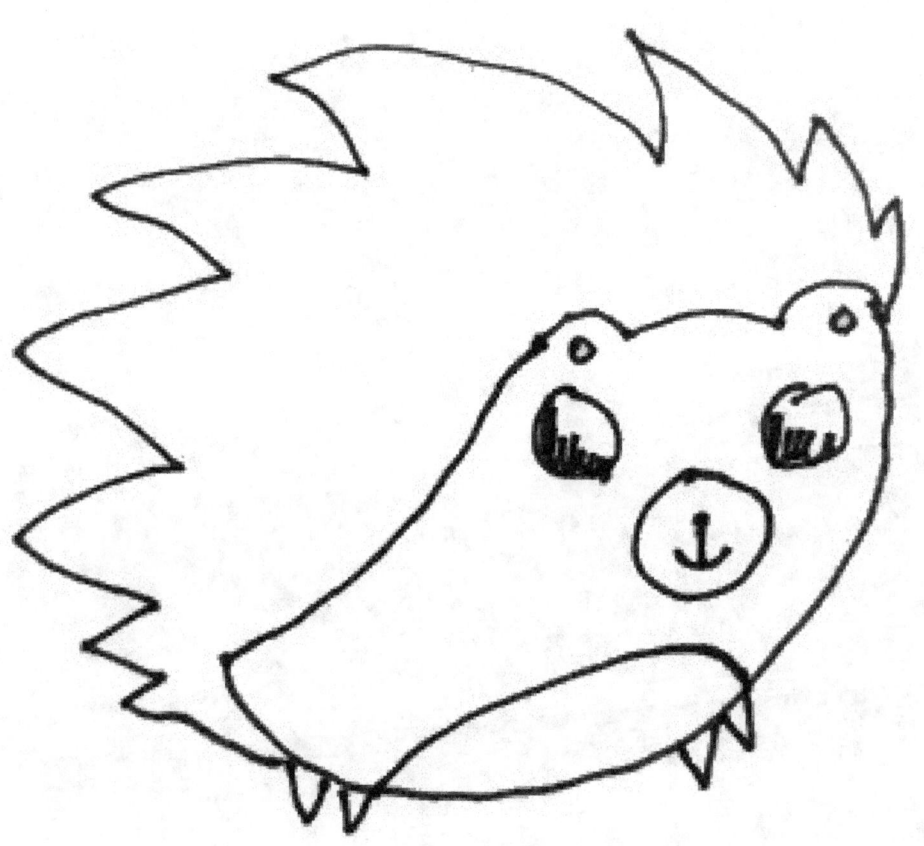

I have great ideas

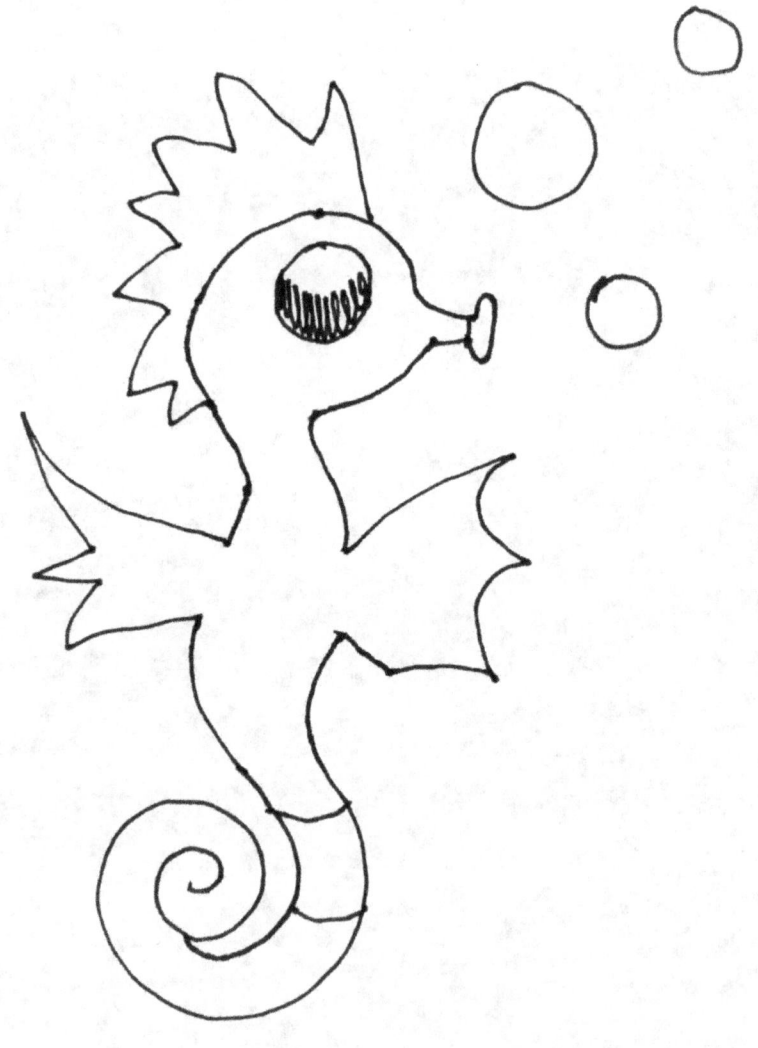

I am joyful

I am helpful

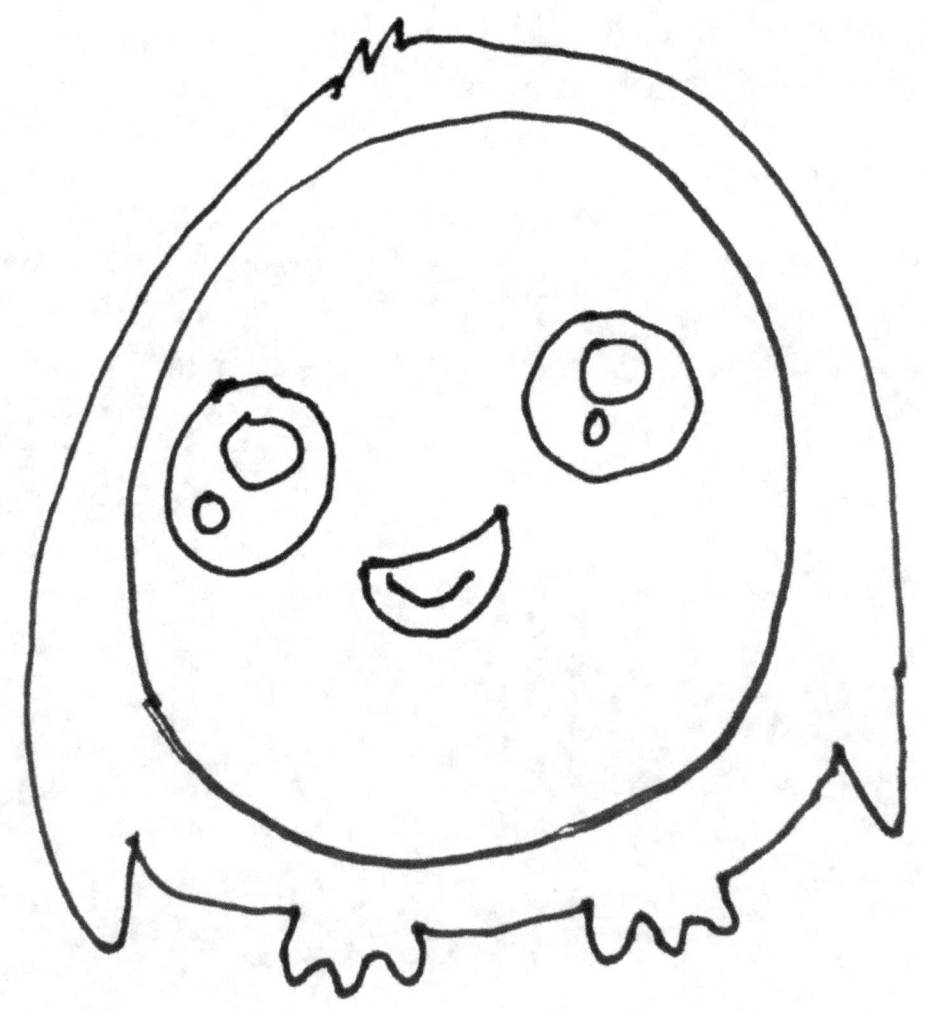

I believe in myself

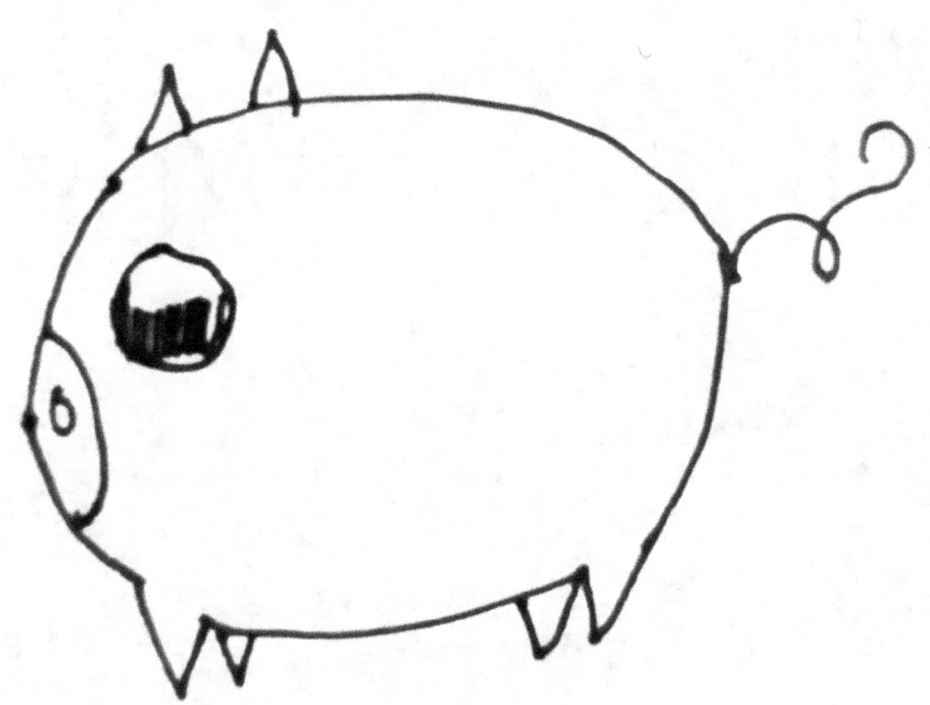

I have great ideas

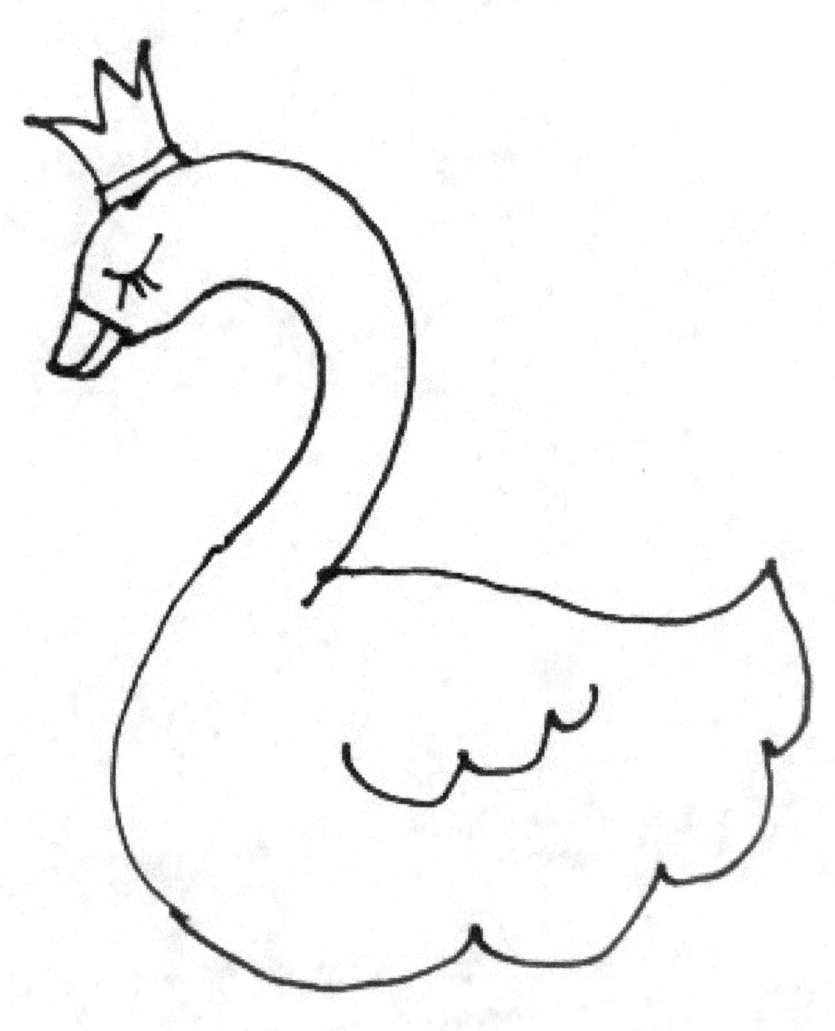

I am so Loved

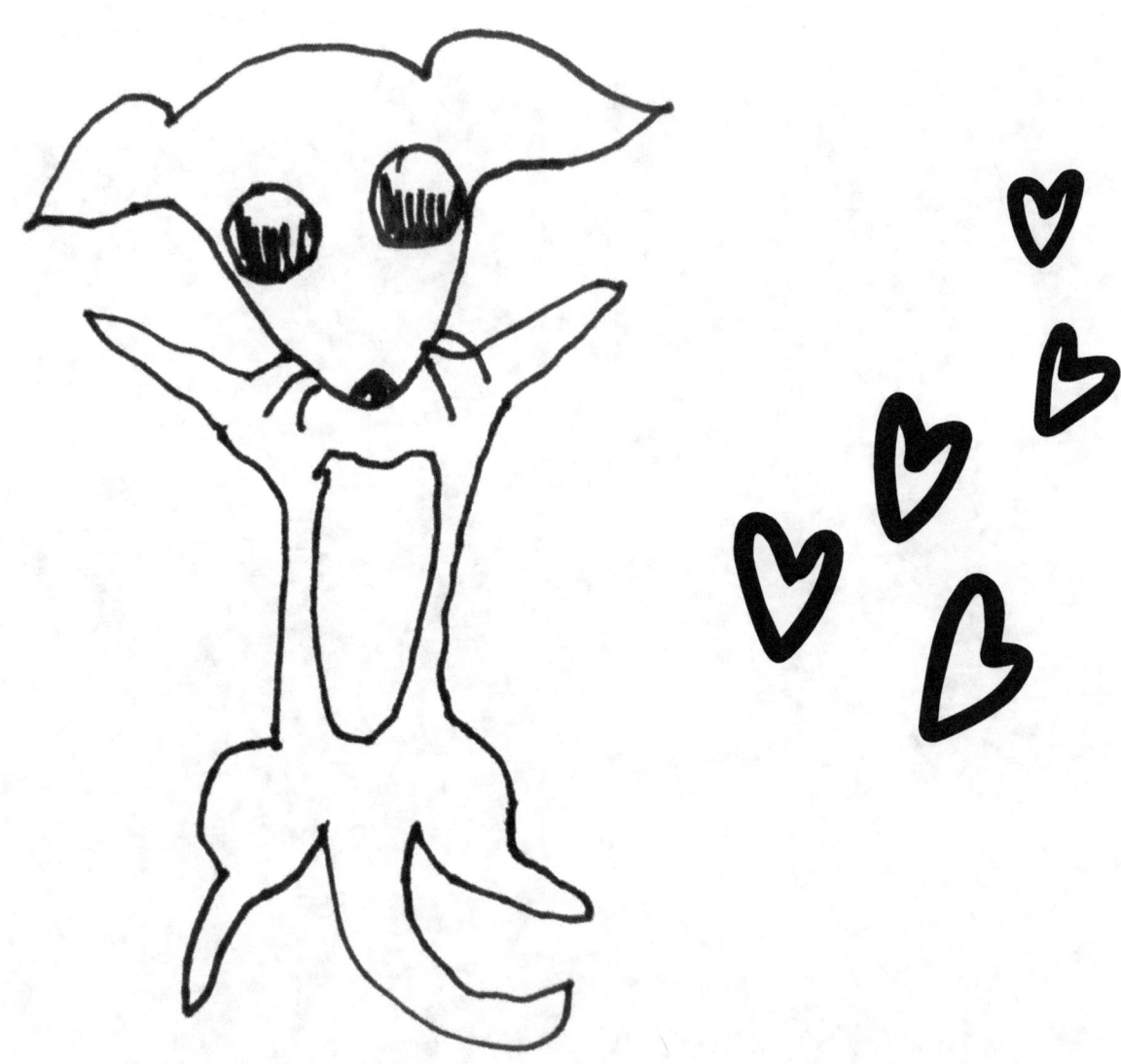

I am powerful

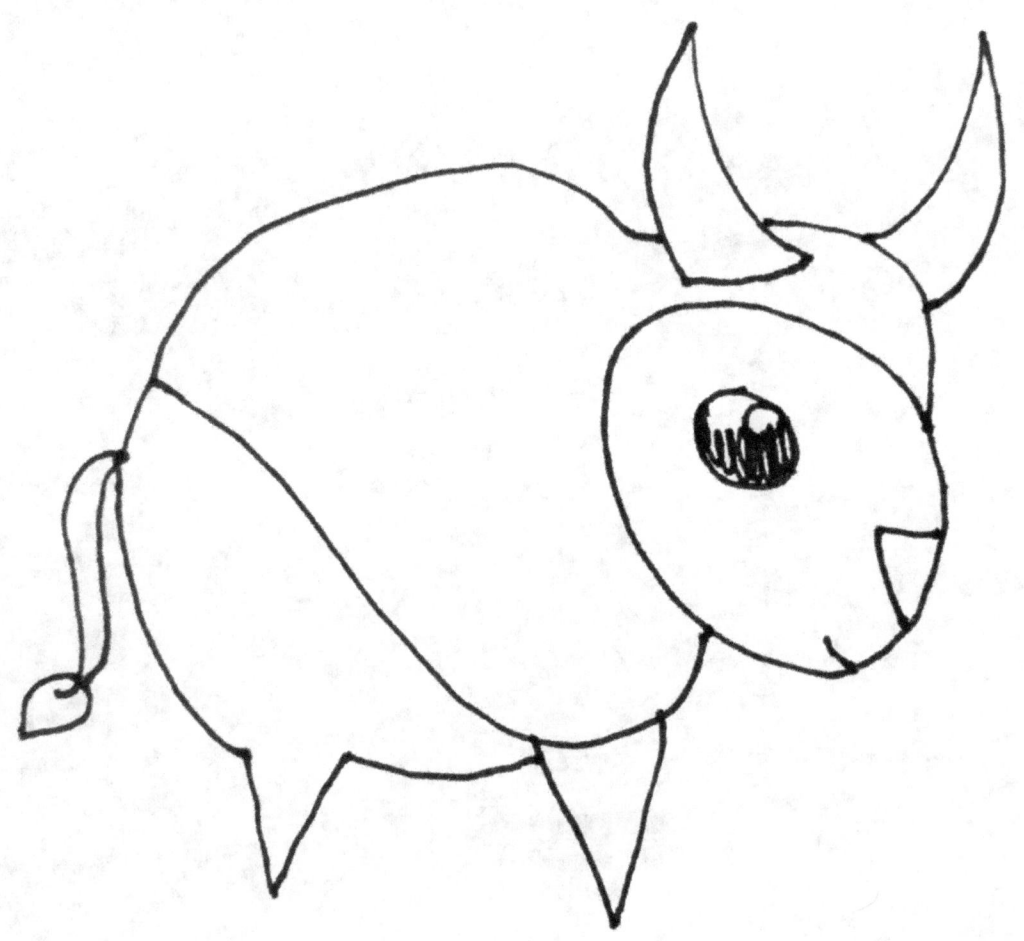

I am peaceful

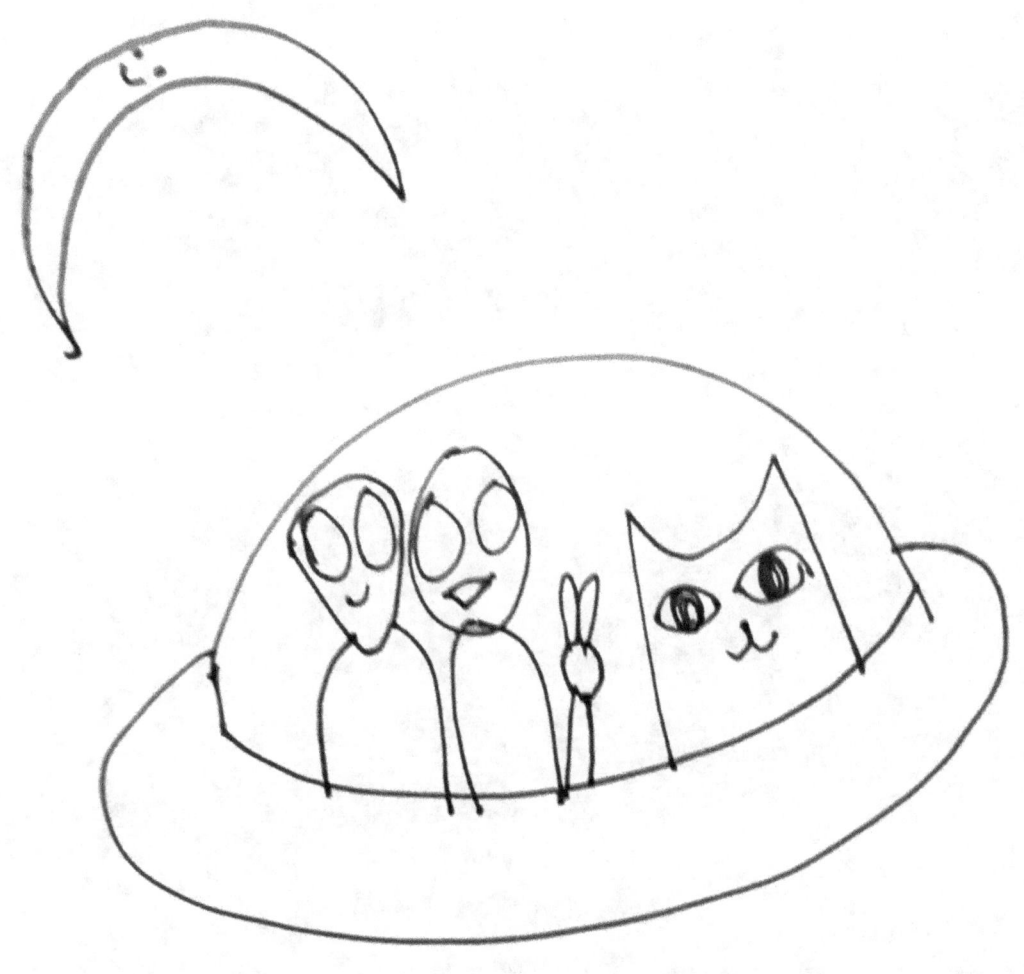

I march to
the beat of
my own drum

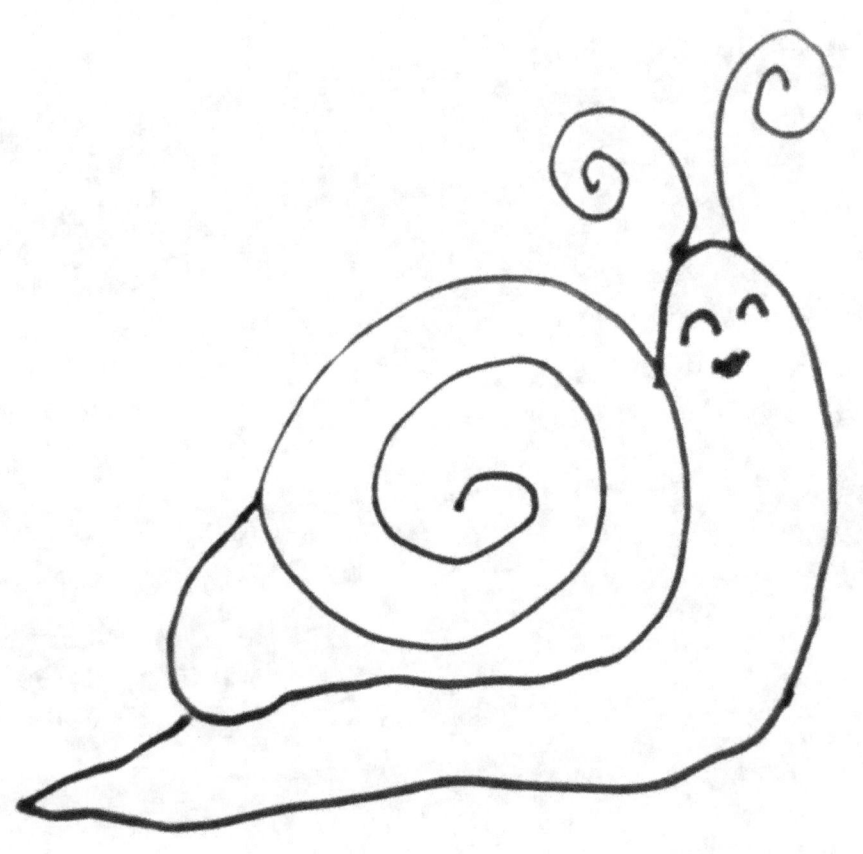

I am beautiful

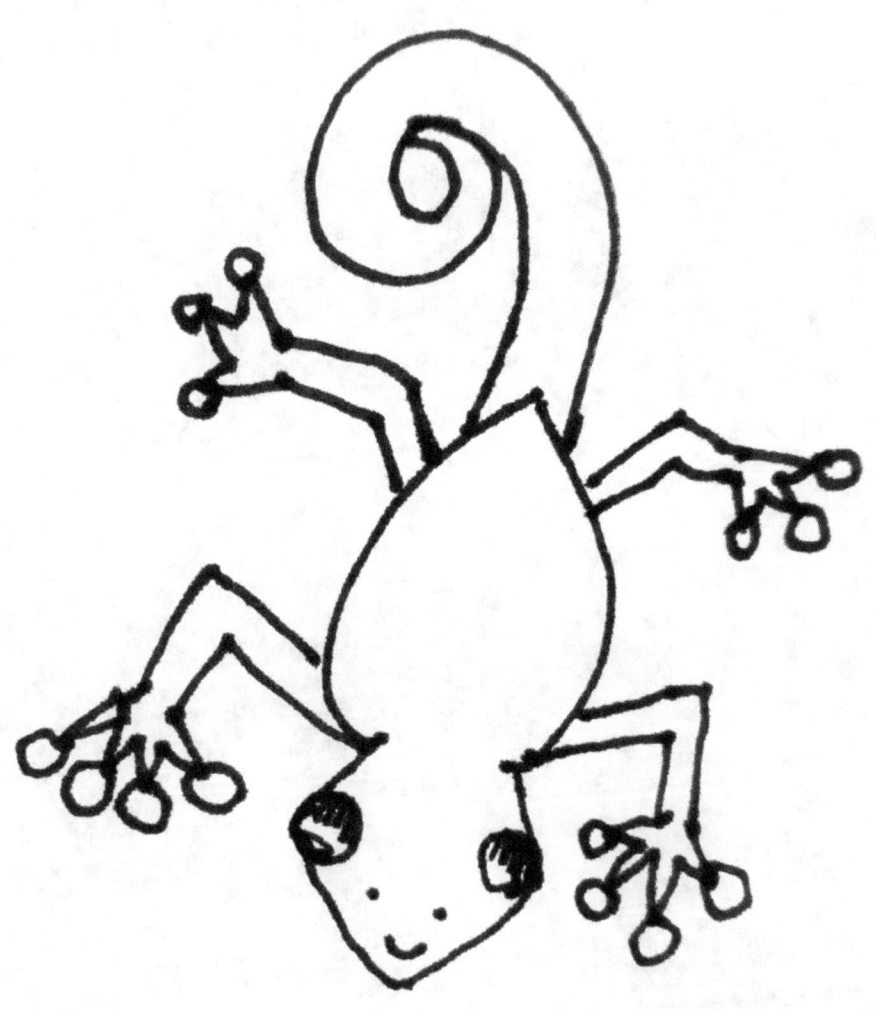

I am playful

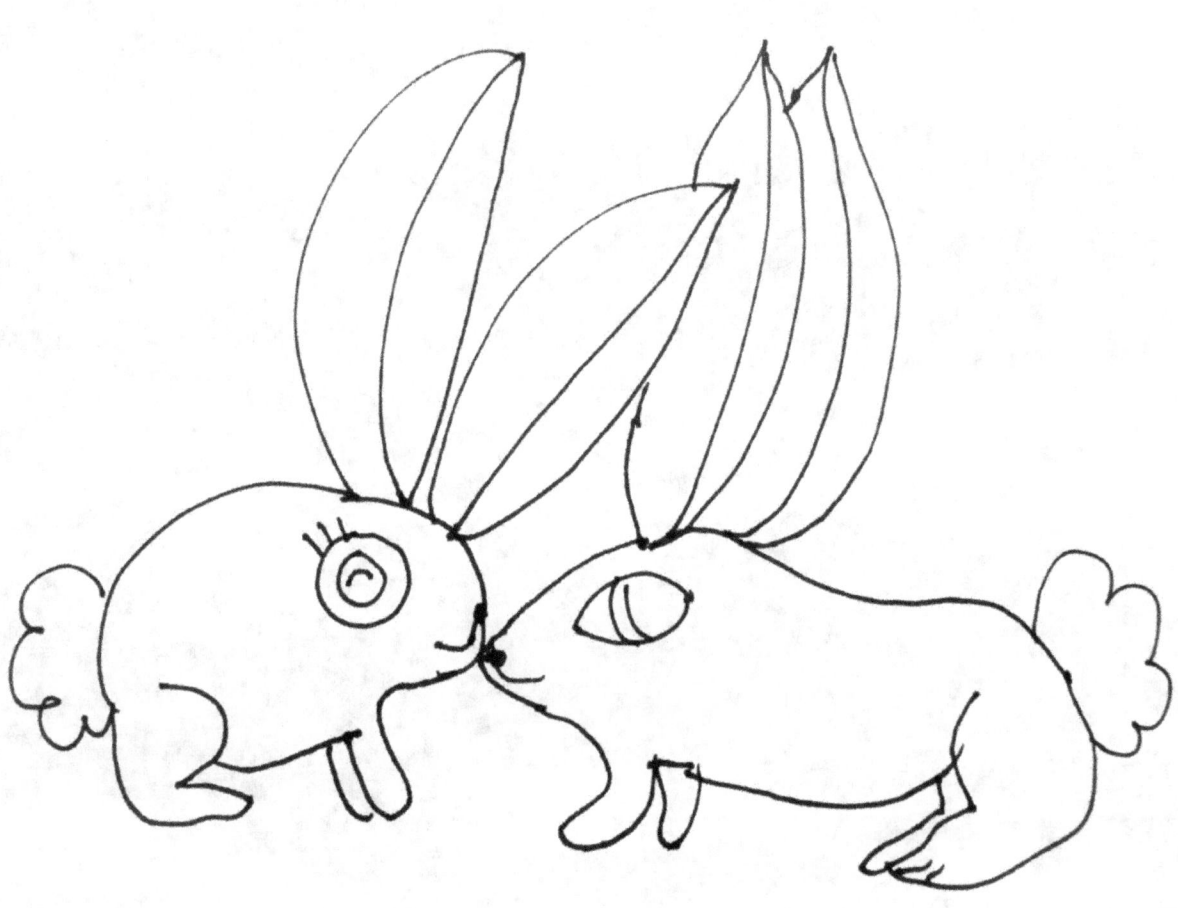

I am courageous

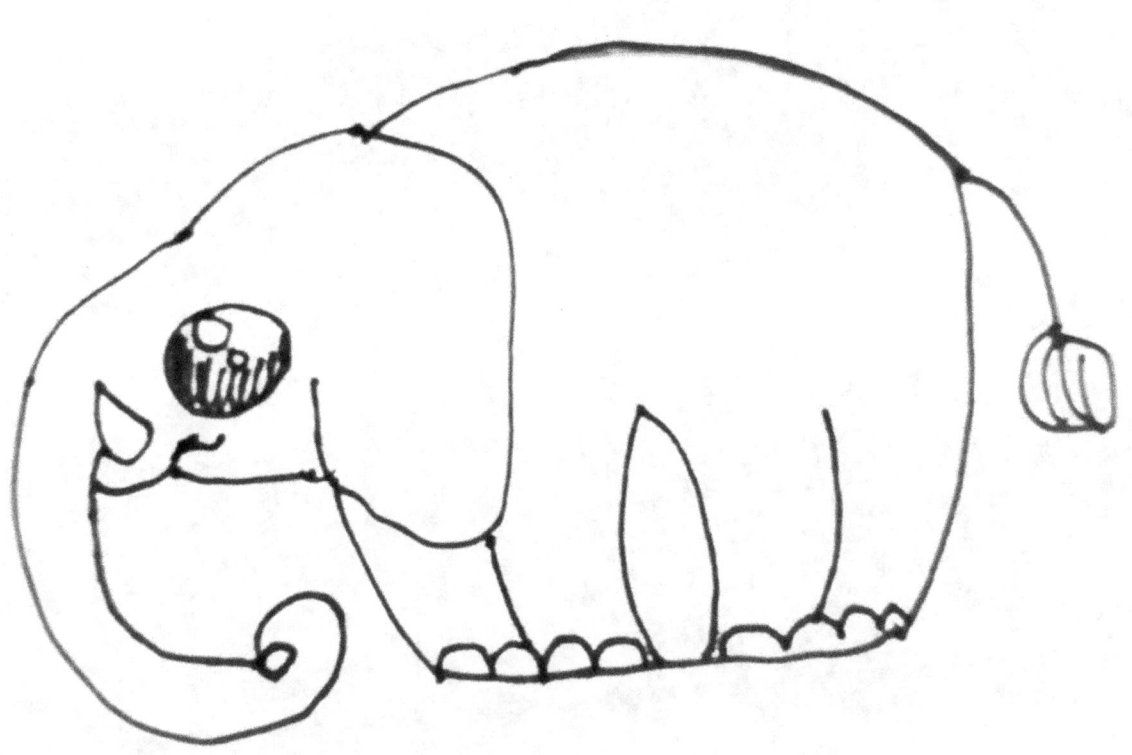

I am honest

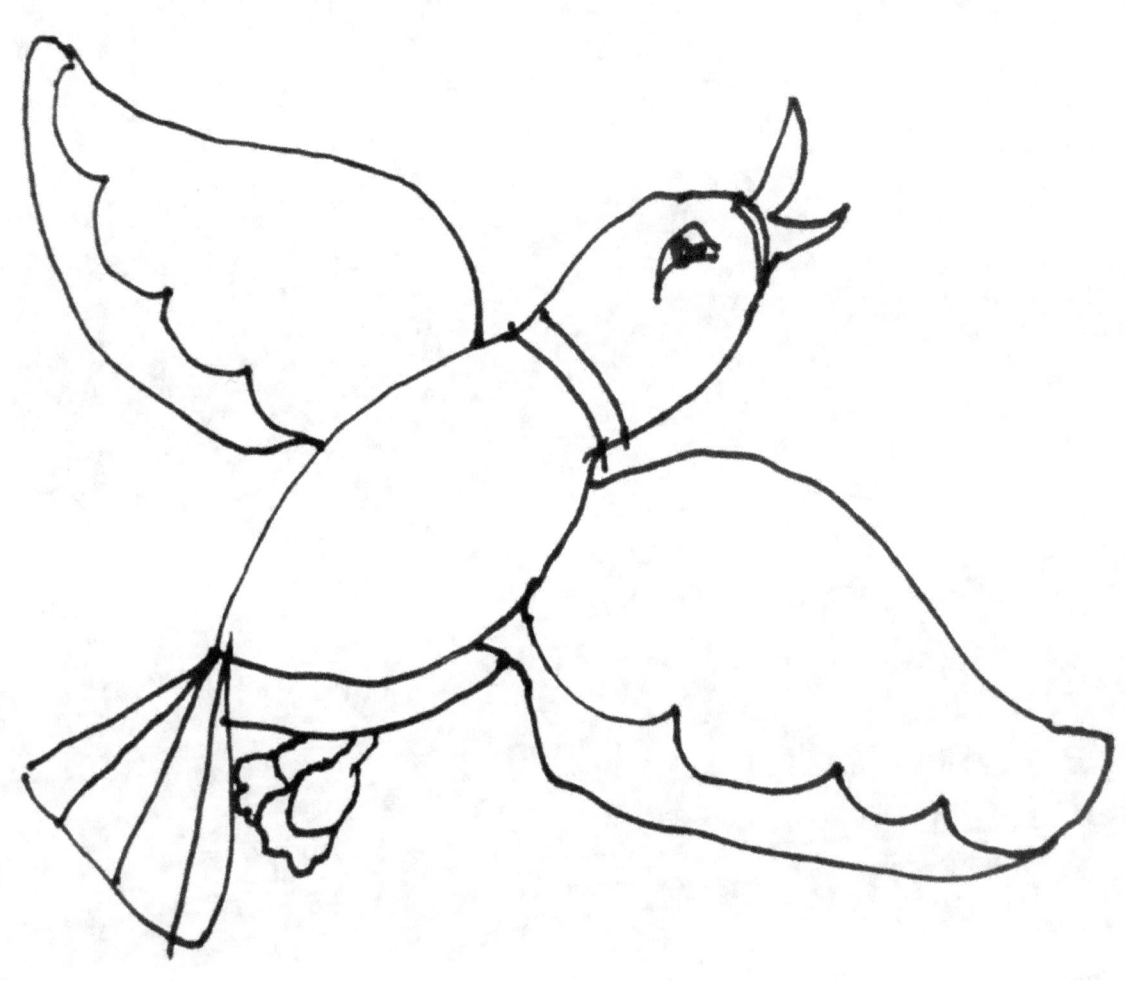

I am friendly

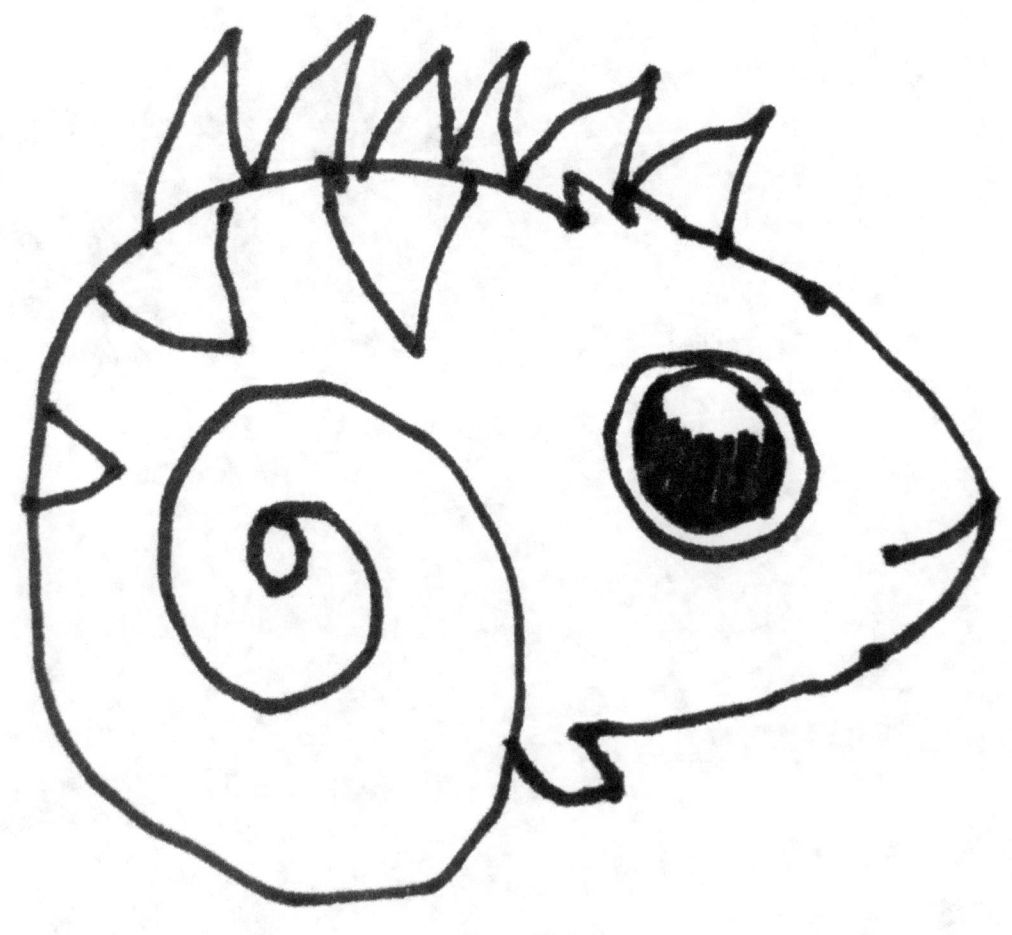

I see beauty everywhere

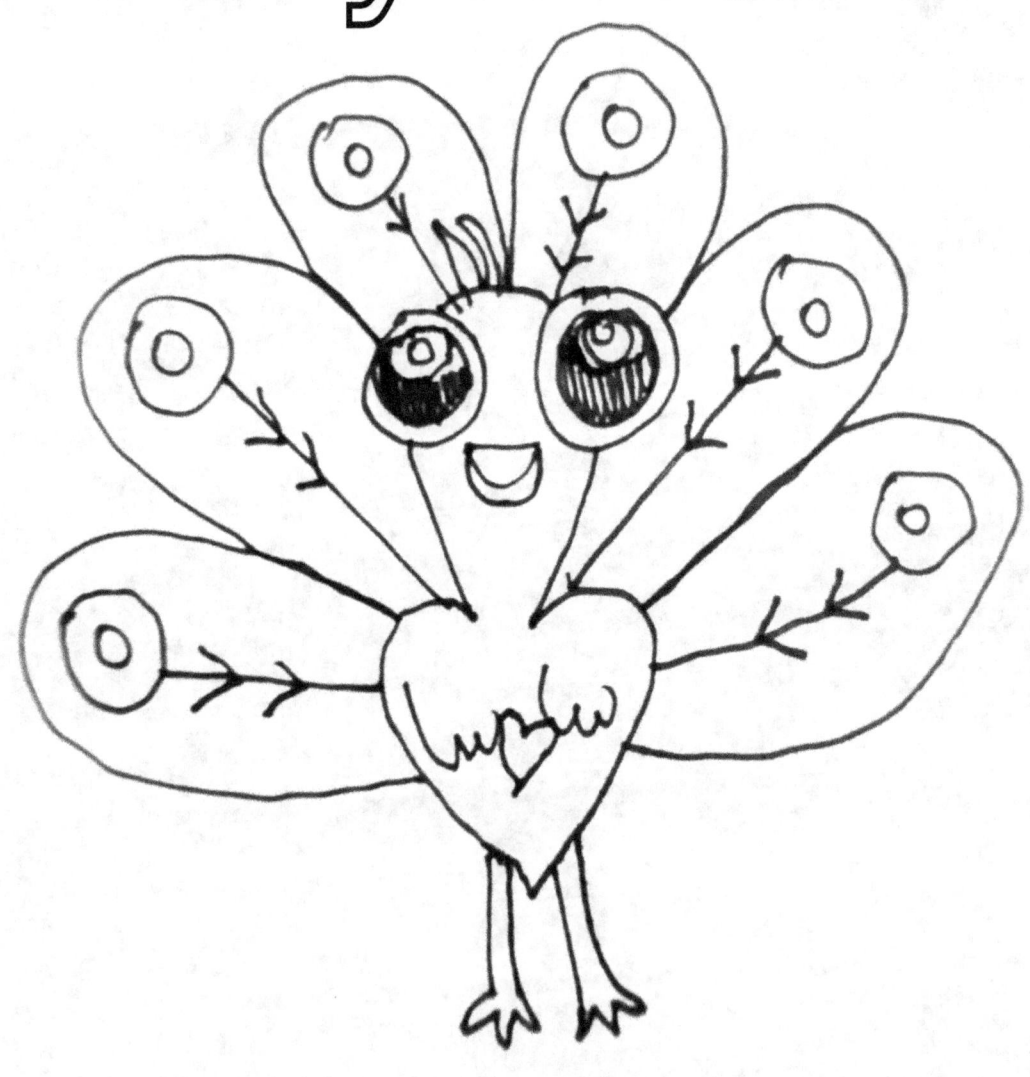

I am creative

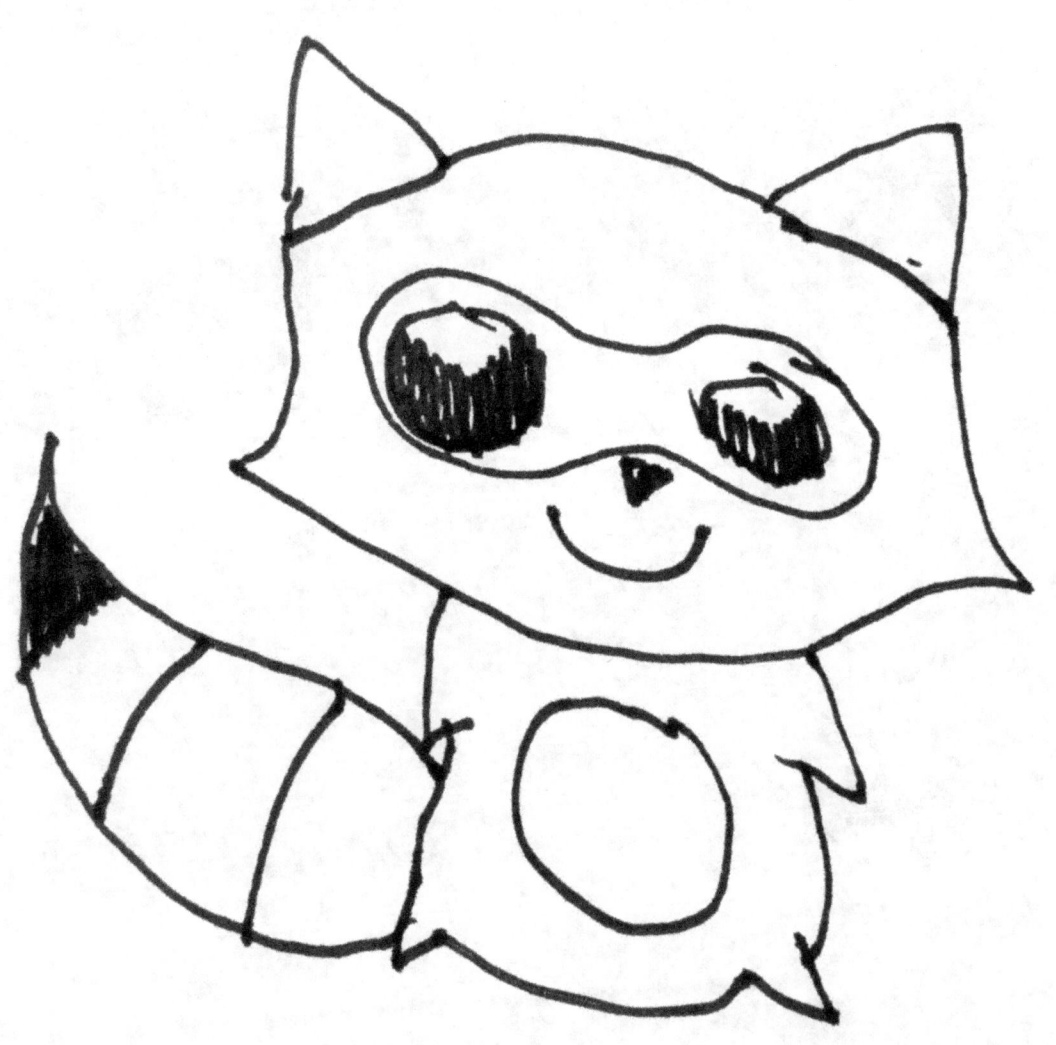

I am safe

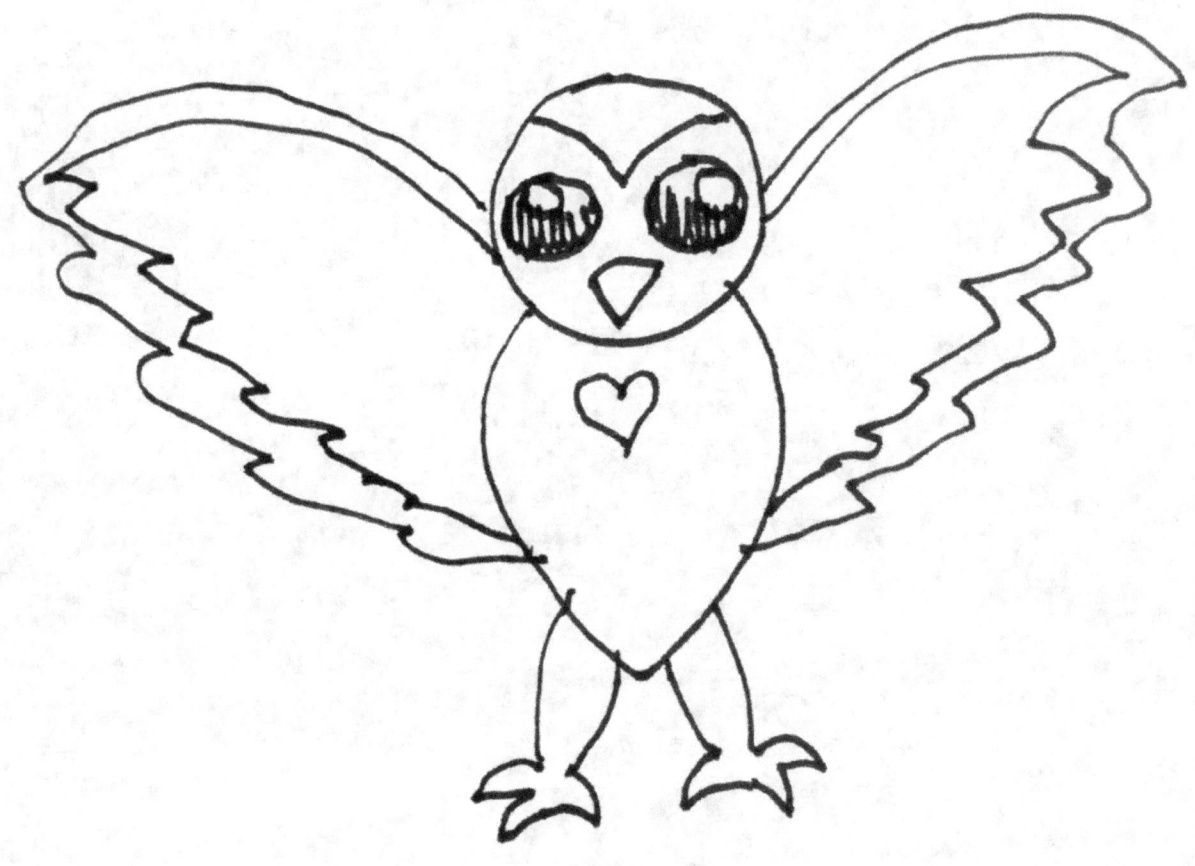

I look for things to be grateful for

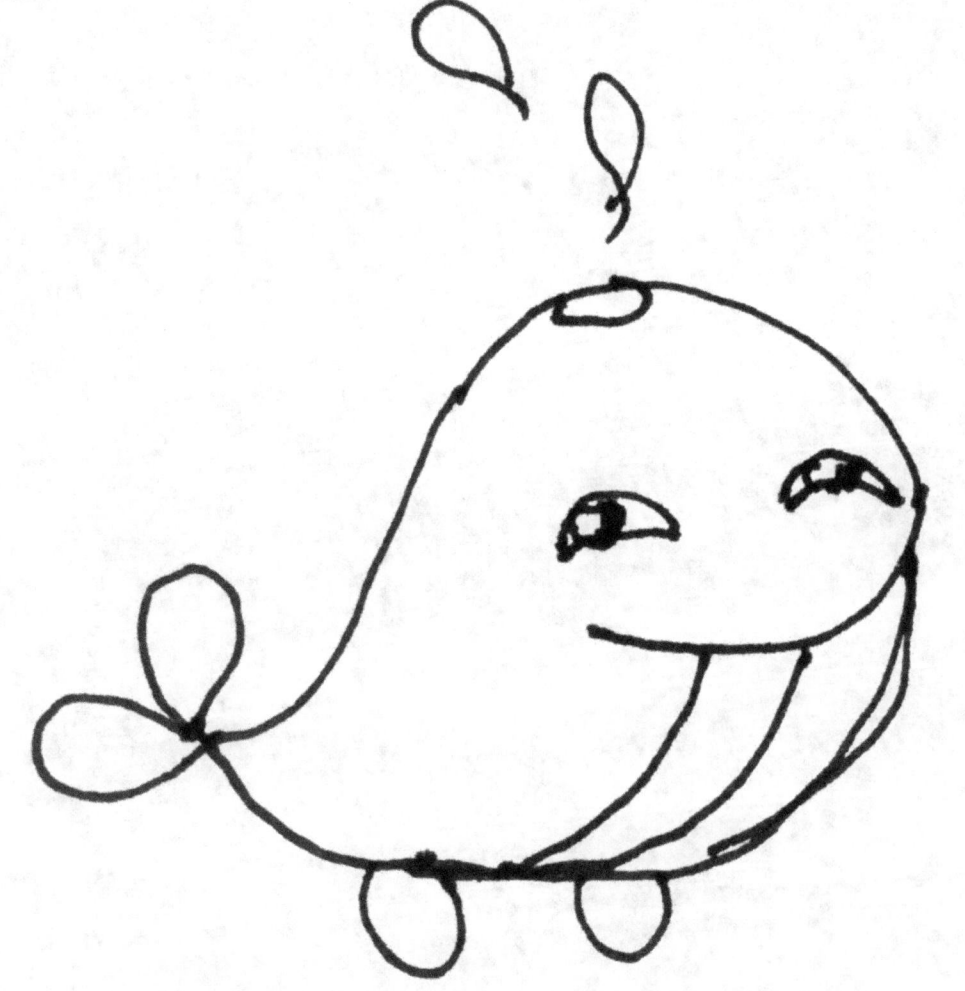

I stand up for myself

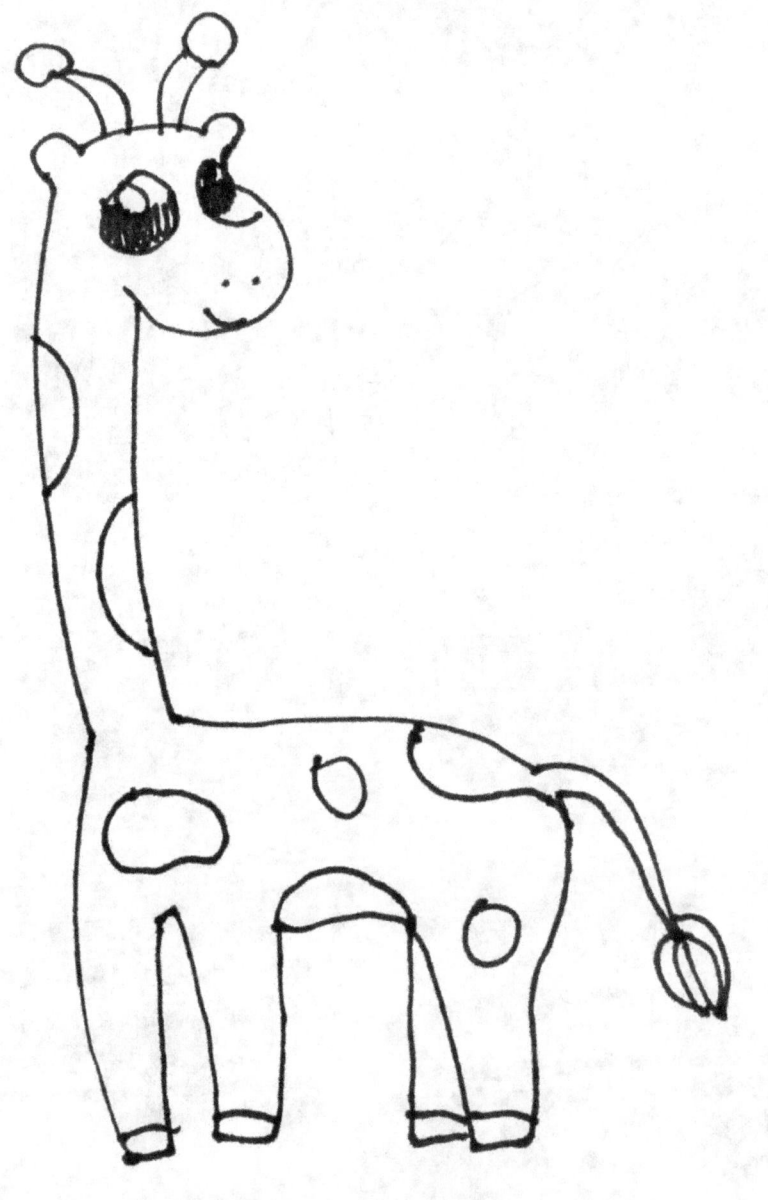

I am brilliant

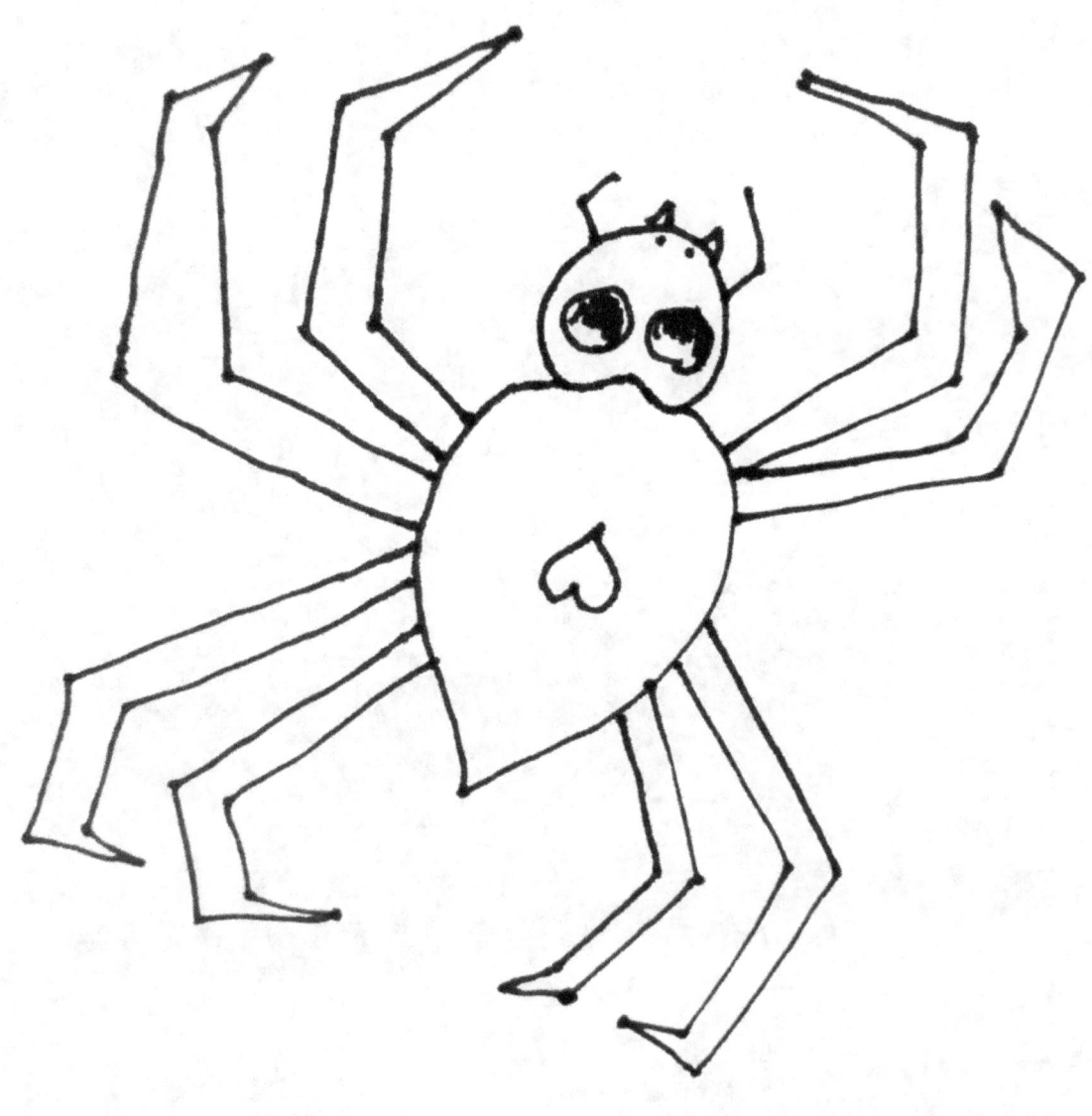

I am joyful

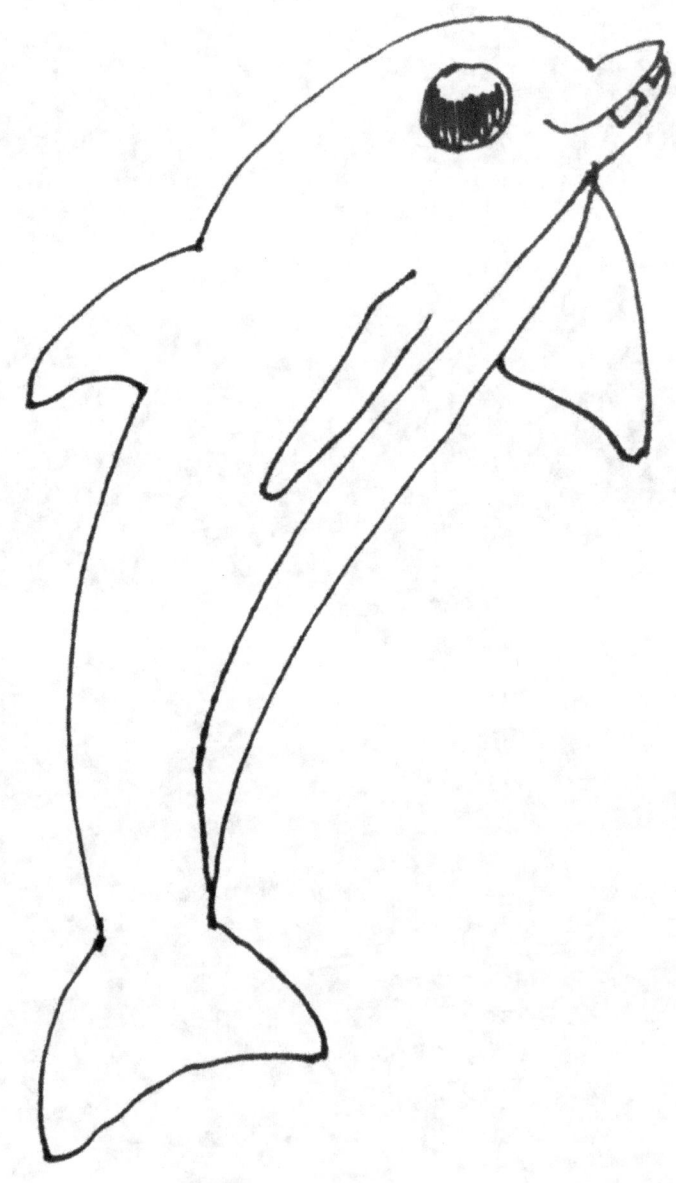

I am fun

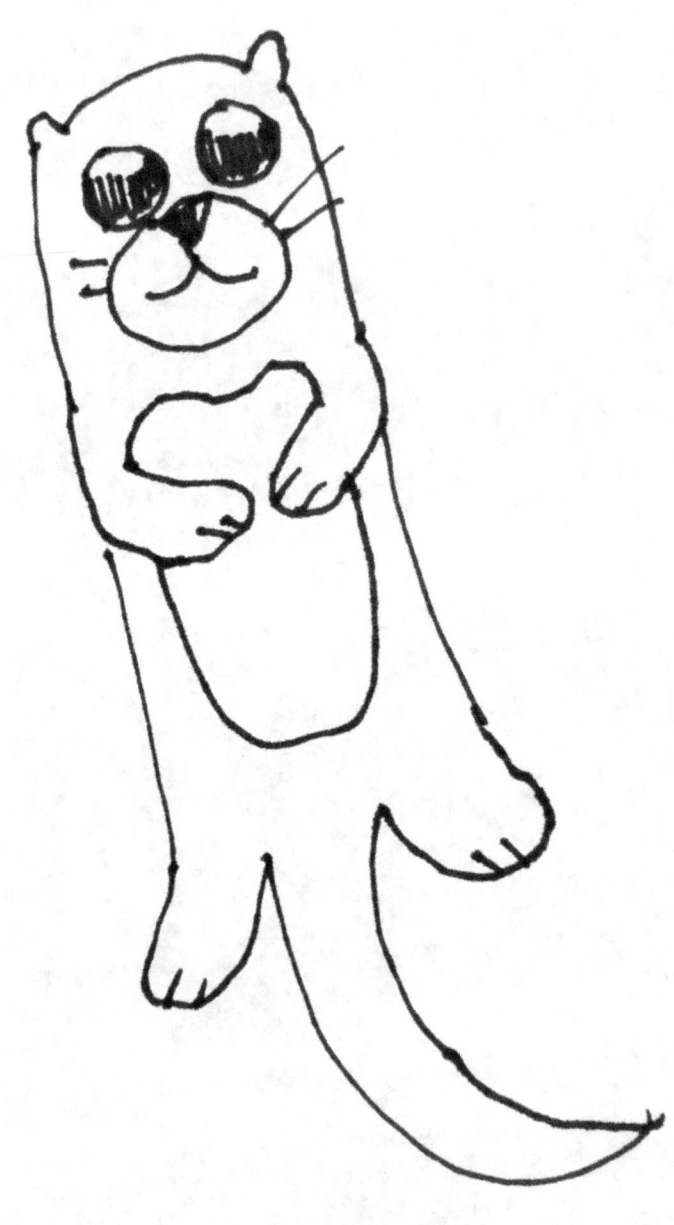

I am sweet

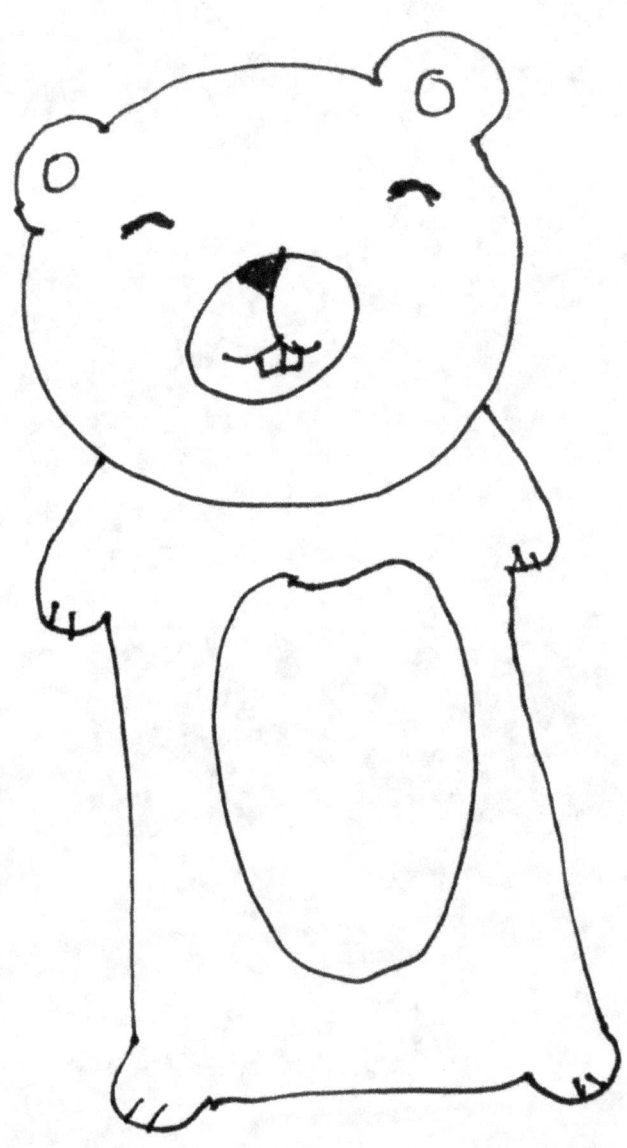

I listen to my heart

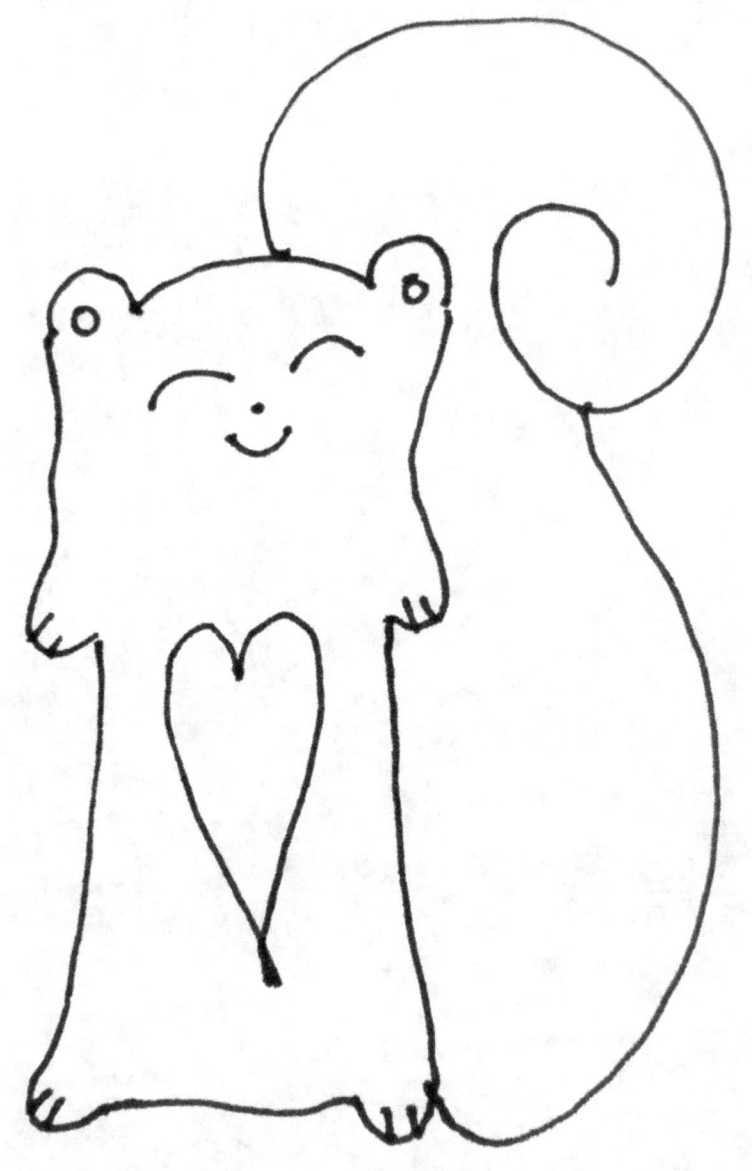

I am making a difference

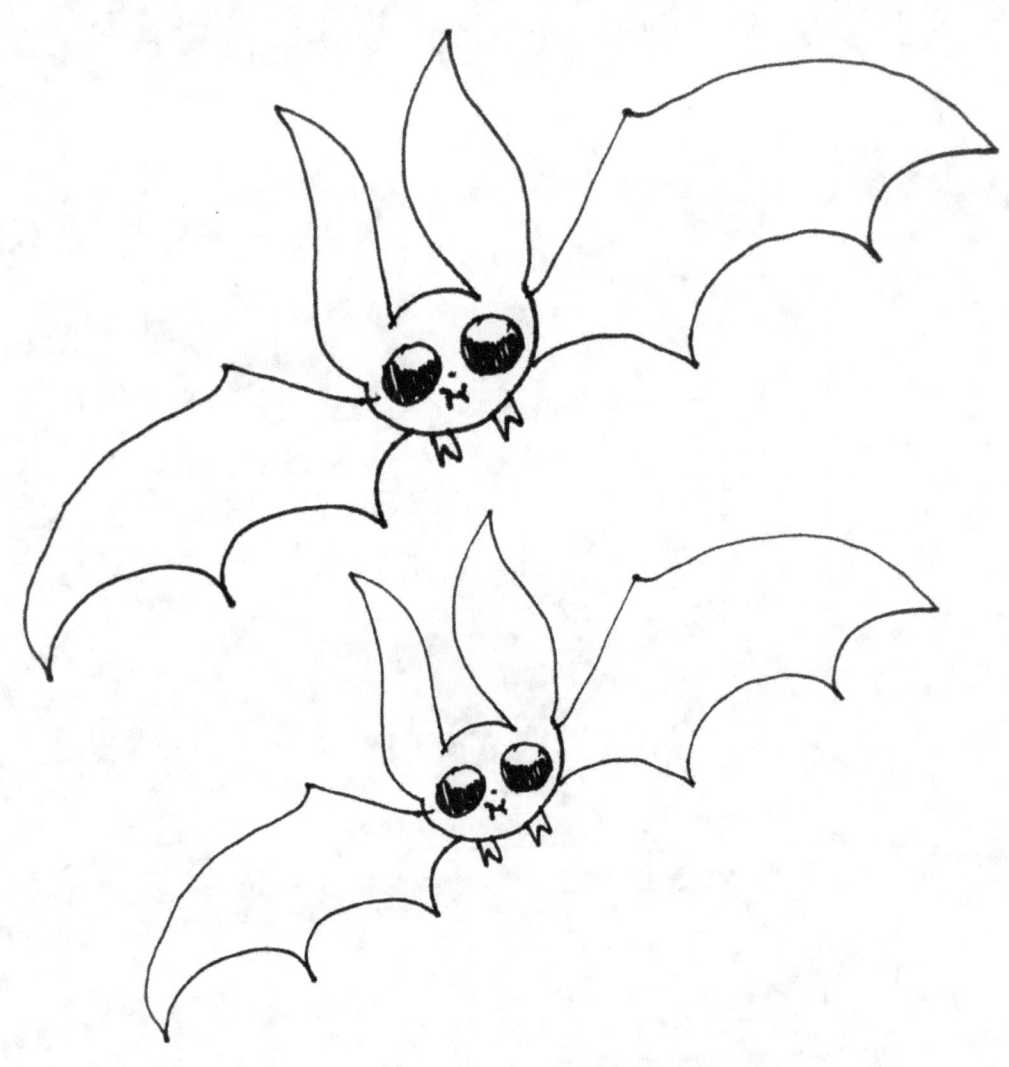

I am happy

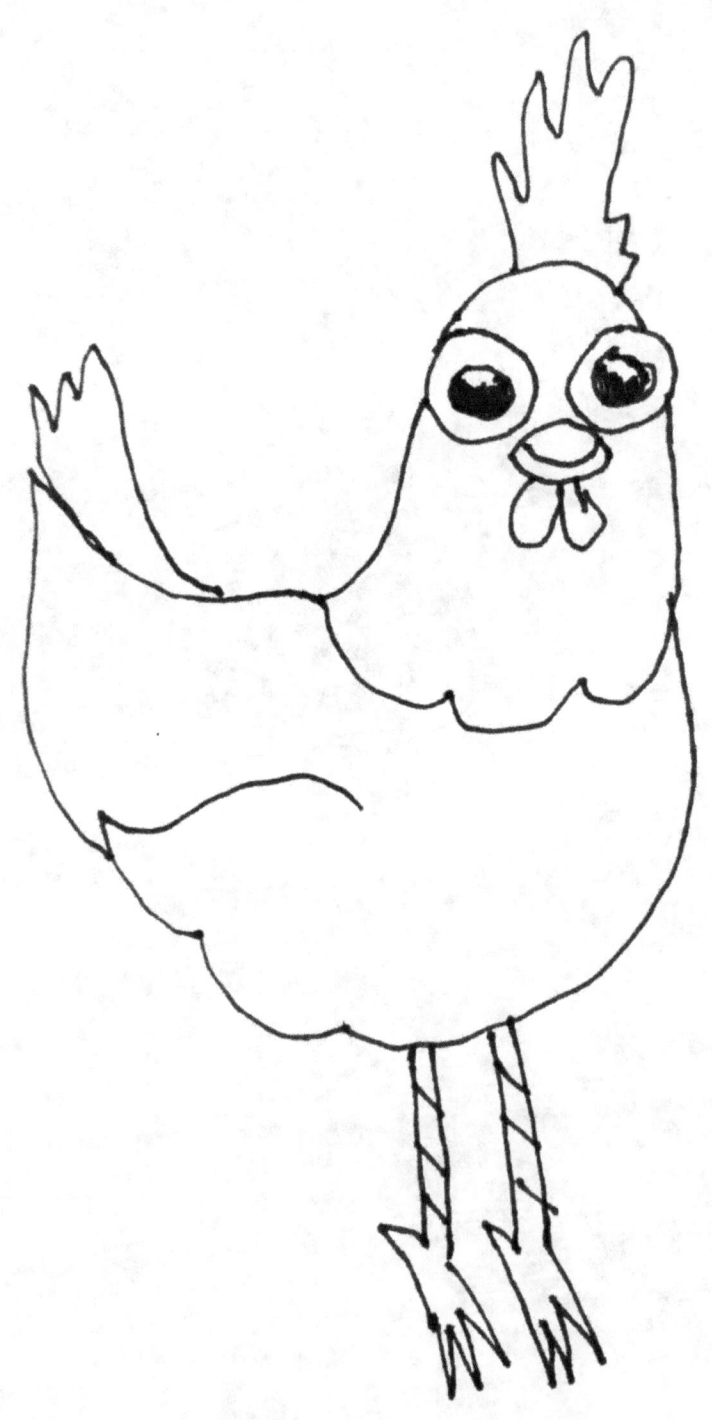

I am brilliant

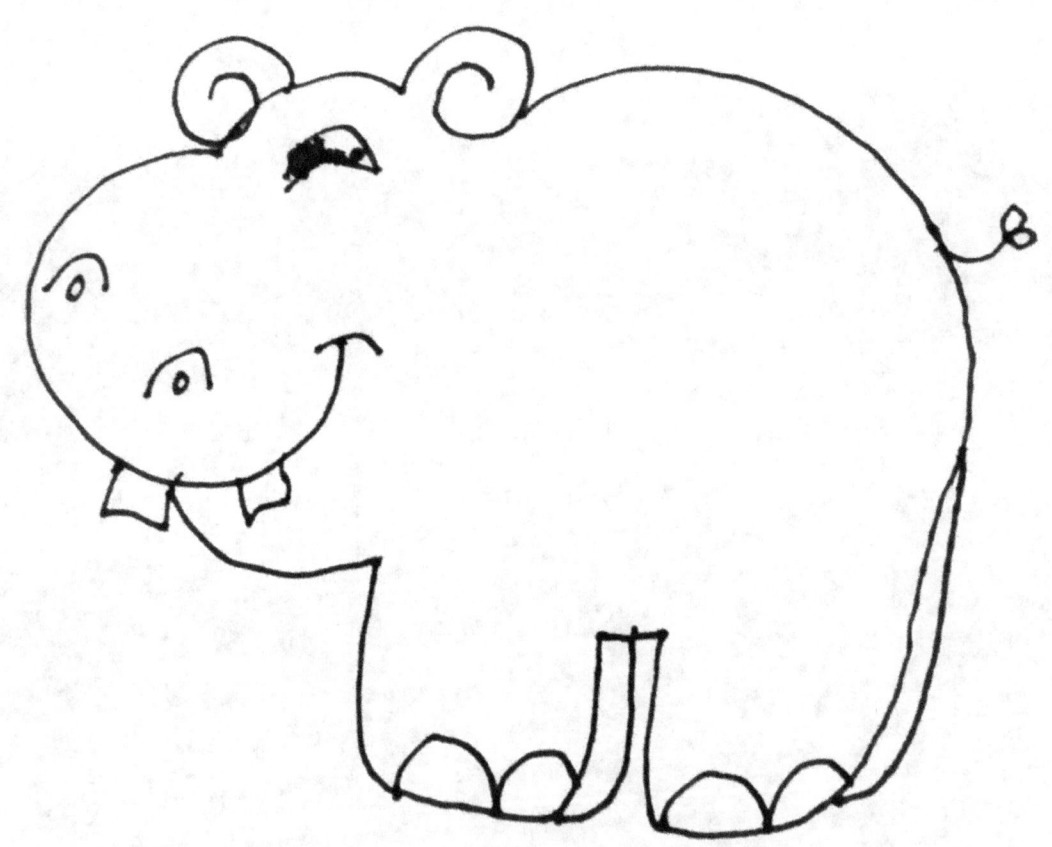

I am enough

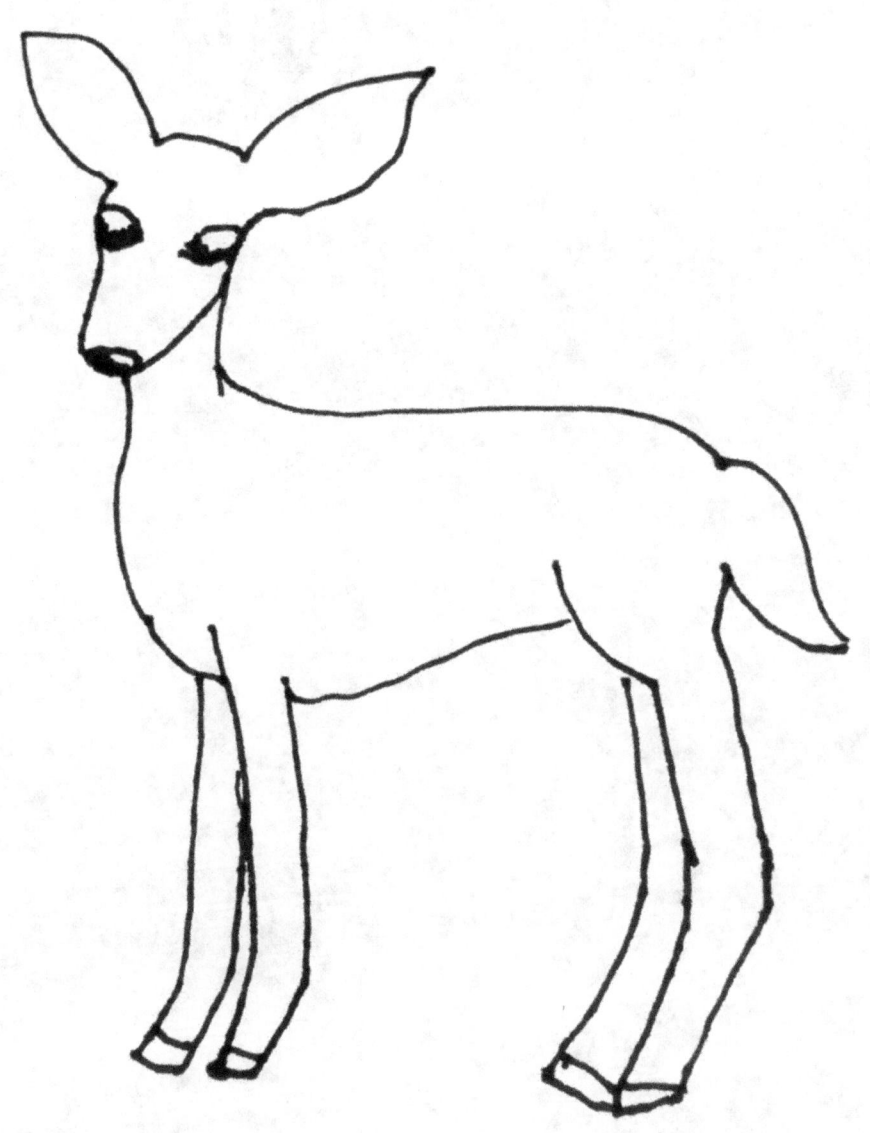

I allow myself to relax

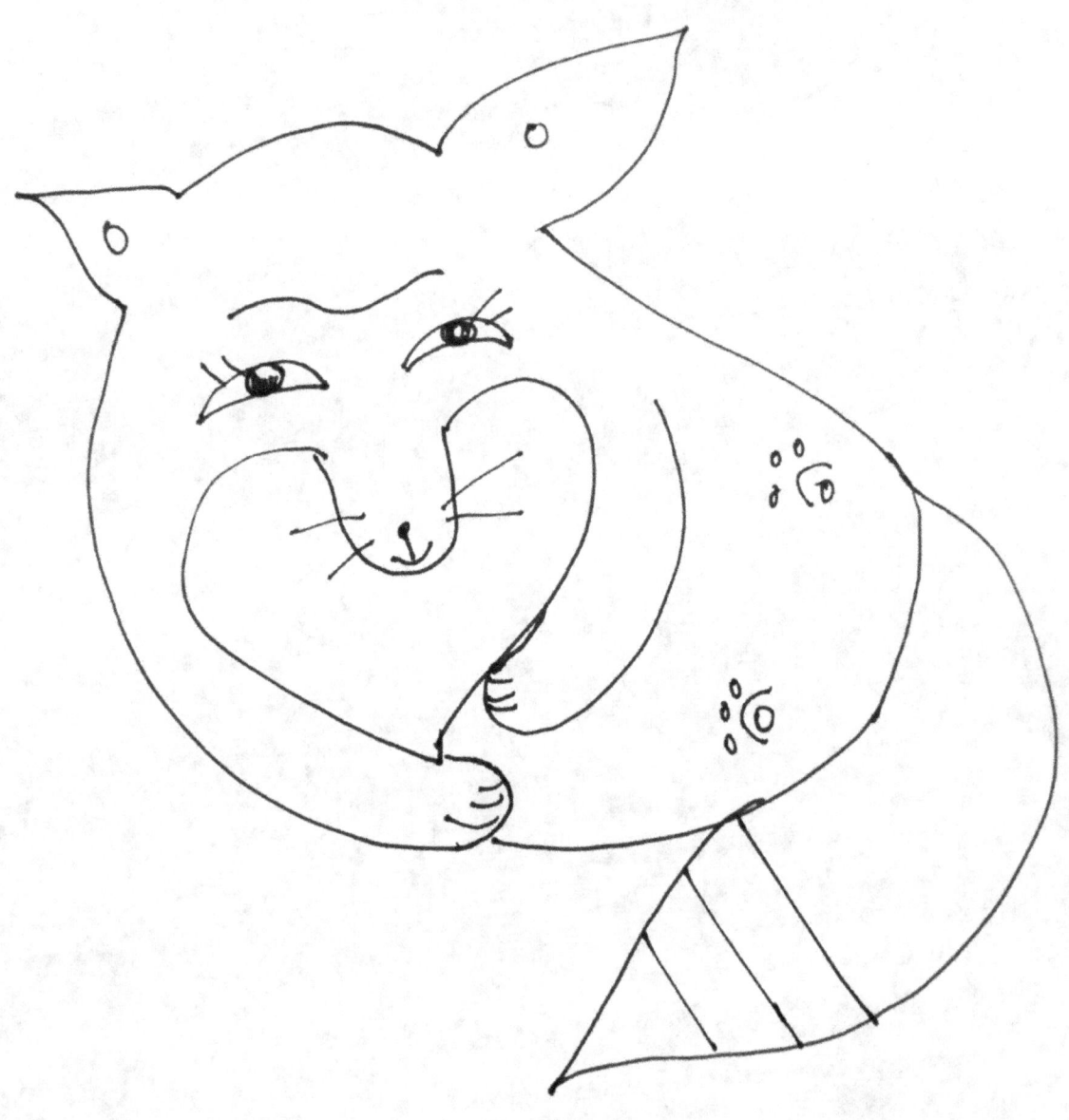

I love my life!

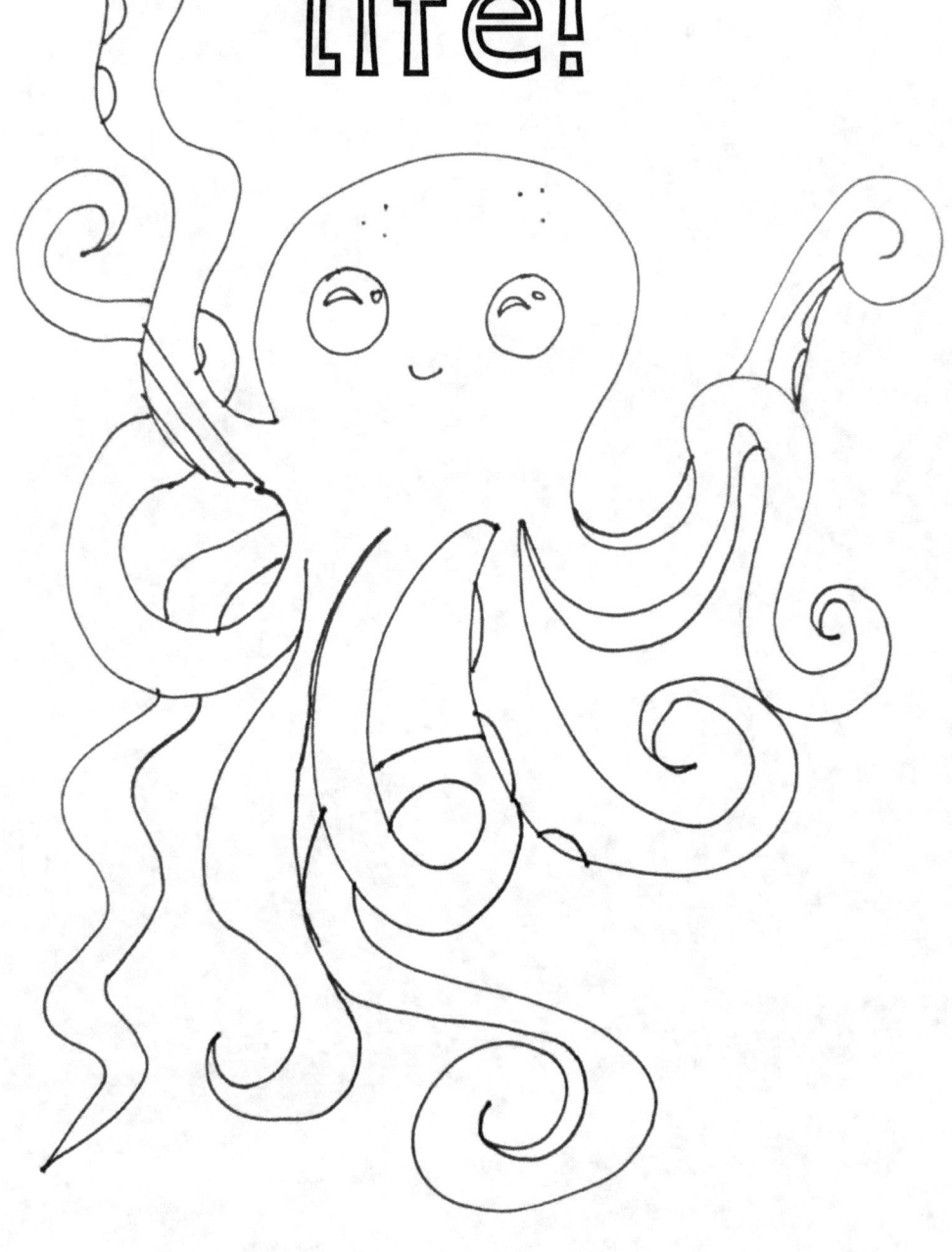

My voice matters

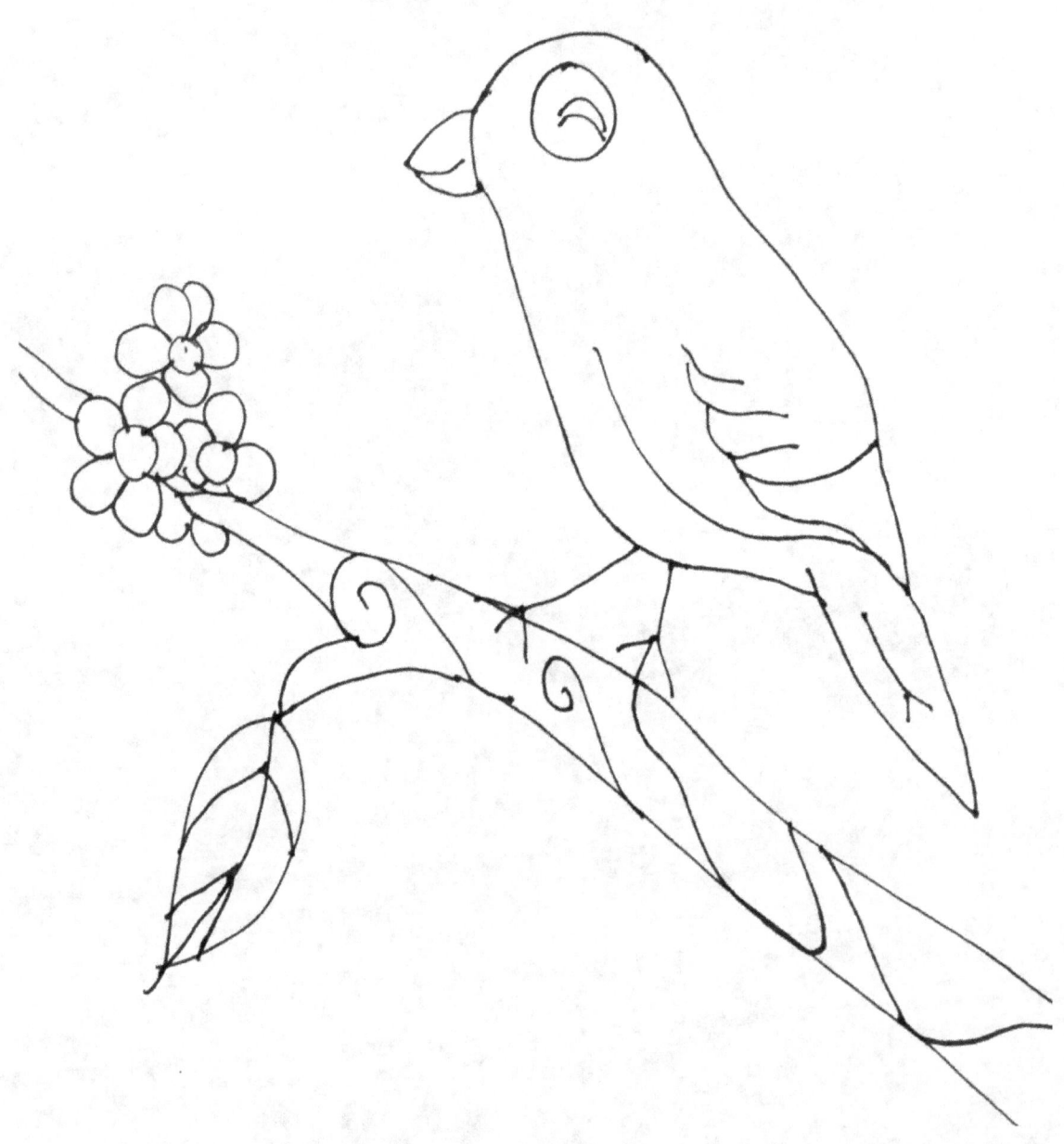

I am strong

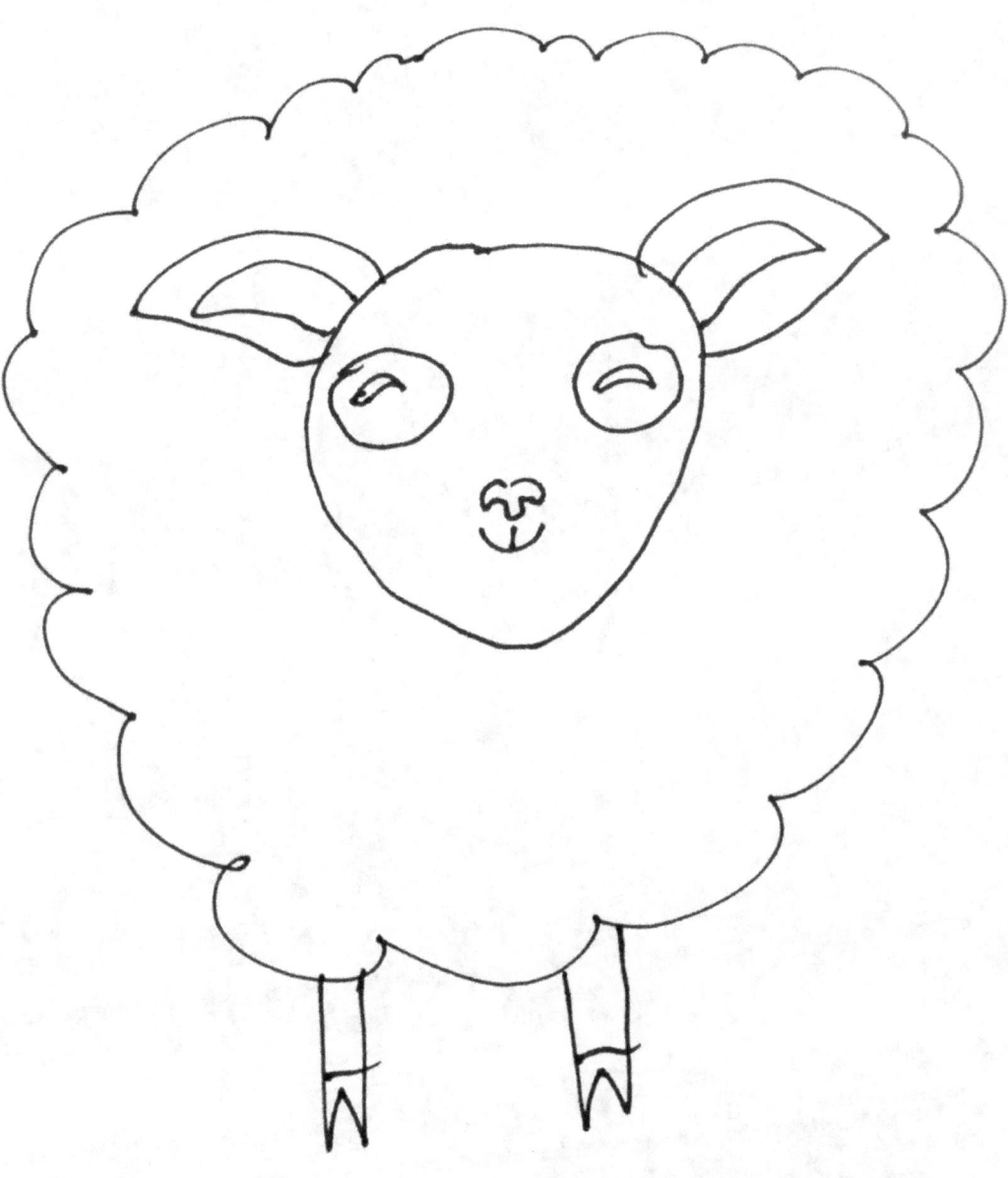

I am lucky

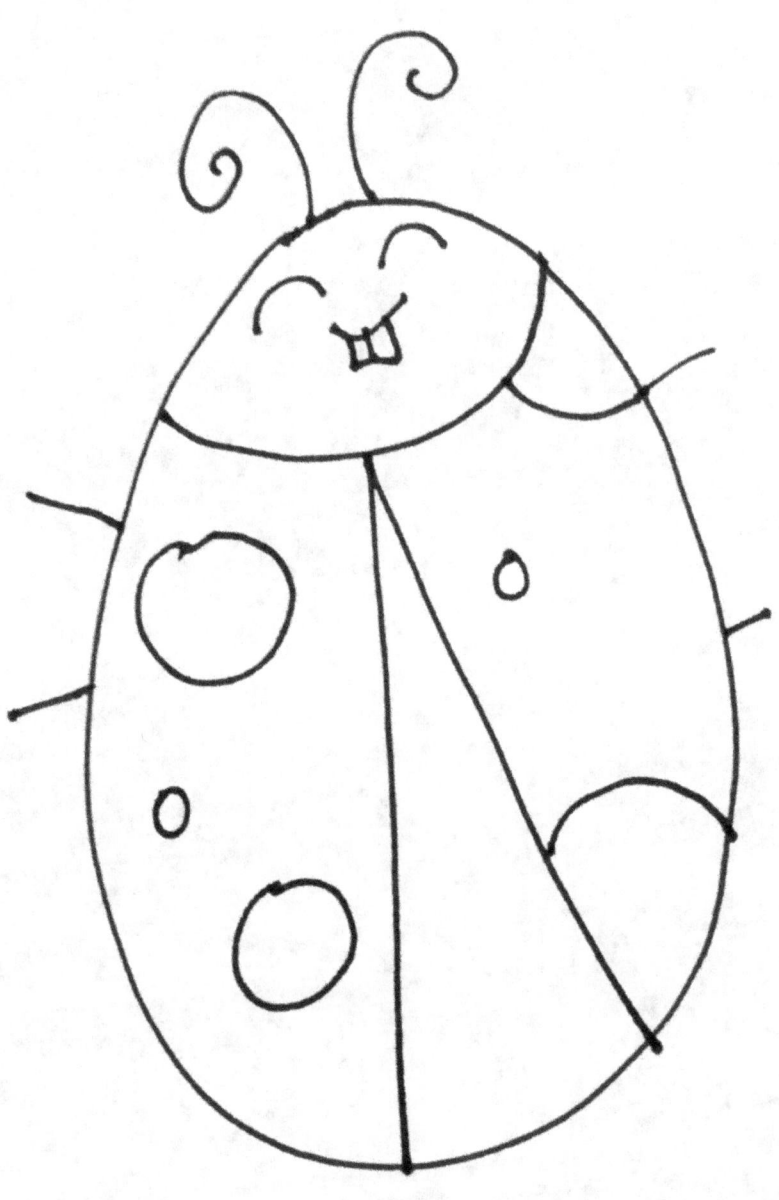

I can do it!

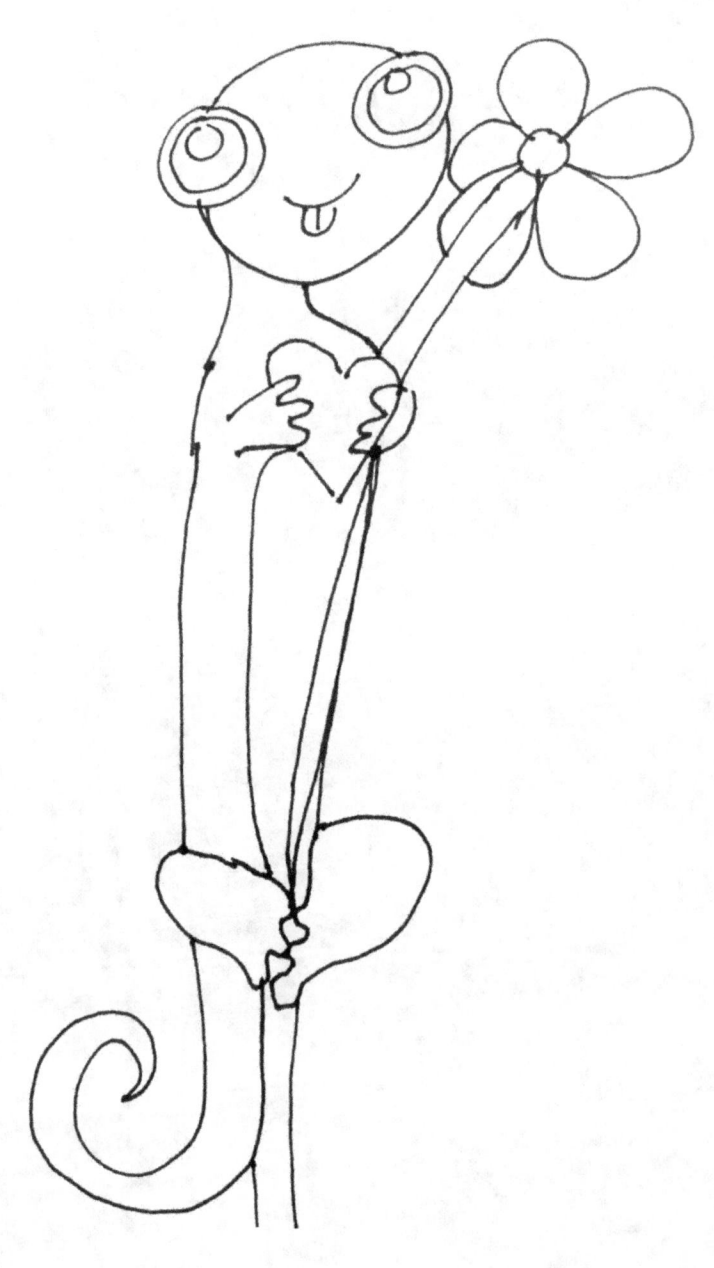

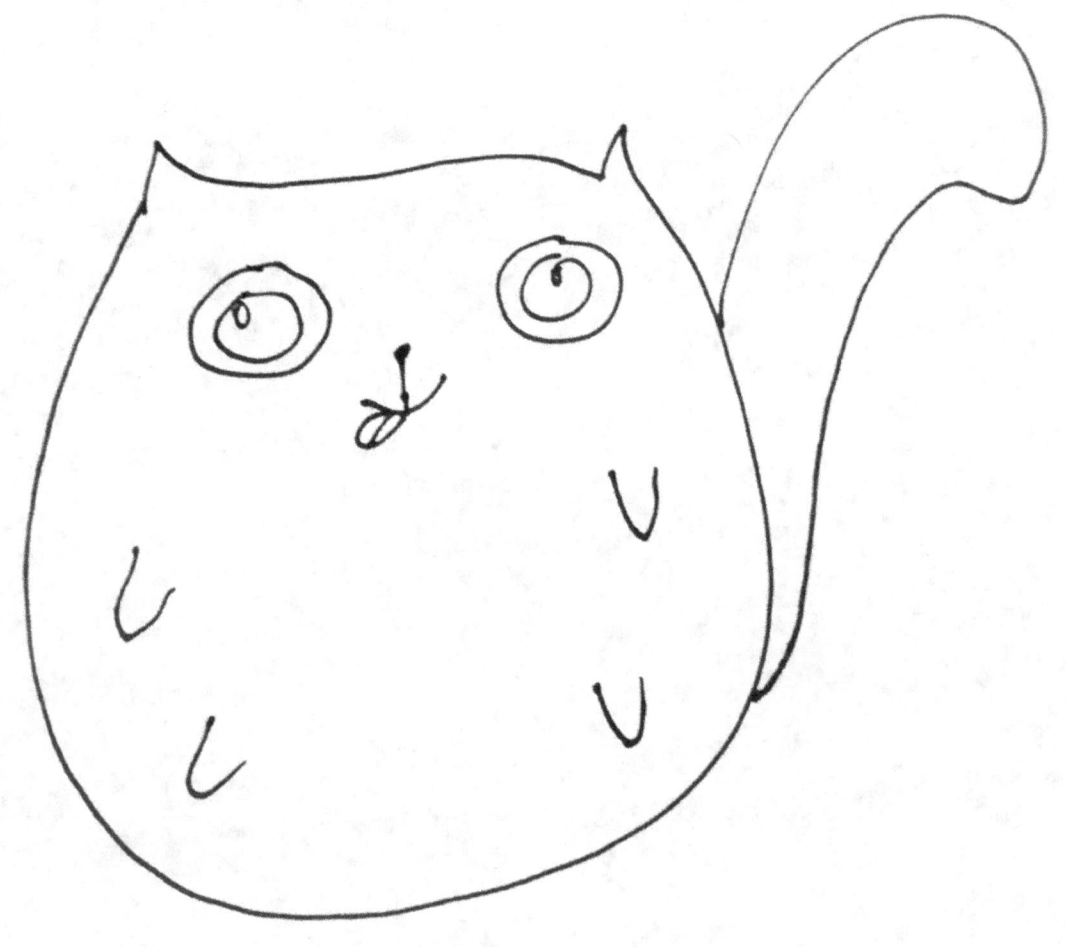

It's okay to make mistakes

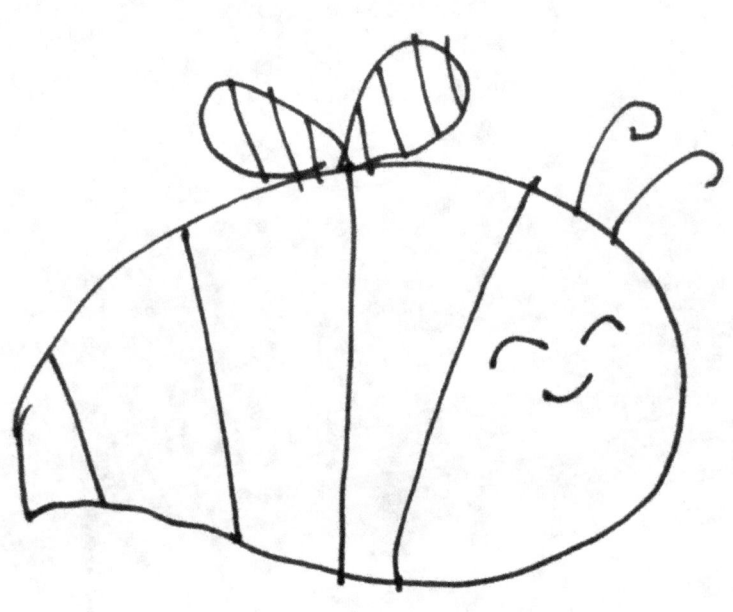

Please review this book on Amazon. Thank you :)

Download 10 Free BONUS Coloring Pages Instantly https://sarahjart.com/freebies/

www.ingramcontent.com/pod-product-compliance
Lightning Source LLC
Chambersburg PA
CBHW080516220526
45465CB00006B/2497